기독교문서선교회(Christian Literature Center: 약칭 CLC)는 1941년 영국 콜체스터에서 켄 아담스에 의해 시작되었으며 국제 본부는 미국 필라델피아에 있습니다. 국제 CLC는 59개 나라에서 180개의 본부를 두고, 약 650여 명의 선교사들이 이동도서차량 40대를 이용하여 문서 보급에 힘쓰고 있으며 이메일 주문을 통해 130여 국으로 책을 공급하고 있습니다. 한국 CLC는 청교도적 복음주의 신학과 신앙서적을 출판하는 문서선교기관으로서, 한 영혼이라도 구원되길 소망하면서 주님이 오시는 그날까지 최선을 다할 것입니다.

모래시계 같은 우리 삶을 반추하게 할 책

김 완 일 목사
자카르타 주님의교회 담임

글은 곧 그 사람입니다.
글은 또 그 사람의 삶이며 인생입니다.
저는 한평생 성경을 읽고 공부한 목사입니다.
언제, 어디서 읽어도 지루하거나 답답하지 않습니다.
성경 속에서 좋은 사람을 만나기 때문입니다.

제가 성경에서 개인적으로 만나는 사람이 약 80명 정도 됩니다.
저의 스승이며 멘토이십니다. 그리고 인생 선배이며 코치이십니다.
이분들은 언제 찾아가도 거기서 저를 기다리고 있습니다.
어떤 고민이나 문제를 털어놓아도 저를 잘 지도해 주십니다.
성경에서 저자를 만나고 삶과 인생을 배우는 것입니다.
그러므로 성경을 모르면 바른 인생을 살 수 없습니다.

이번에 주님의교회 손은희 집사님께서 책을 쓰셨습니다.
이미 쓰신다는 말씀을 듣고 얼마나 기대가 되었는지 모릅니다.
그냥 책이 아니라 손 집사님의 삶과 인생을 만나기 때문입니다.
손 집사님은 성경적 가치관으로 무장된 분이십니다.
말과 생각이 언제나 안정되어 있고 정리되어 있음을 느낍니다.
성경적 가치관으로 영적 분별력과 안목을 가진 분입니다.

손 집사님의 삶은 언제나 주변을 밝고 따뜻하게 해 줍니다.
좋은 아내로서, 좋은 엄마로서 힘과 깊이를 가진 분입니다.
그리고 좋은 성도로서 목회자에게 힘이 되어 주십니다.
『진정한 라이벌은 어제의 나야』의 출간을 진심으로 축하드립니다.
제목에서부터 우리가 어떤 인생을 살아야 하는지를 생각하게 해 줍니다.
무엇을 알고 살아야 할지, 많은 것을 되새겨 보며 깨닫게 할 것입니다.

모래시계 같은 우리의 삶과 인생!
무질서와 낭비로 얼마 남지 않은 우리의 실존!
이 한 번뿐인 삶을 진지하게 반추하며 이 책을 통해 다시 힘과 가능성을 얻으리라 확신하면서 추천의 글을 드립니다.

깊은 산속 옹달샘의 생수처럼

김 추 성 박사
합동신학대학원대학교 신약학 교수(Ph. D.)

코로나로 인해 힘겹고 우울한 시대를 살아가는 이 때, 시원한 청량제와 같은 책이 출간되었습니다. 이 책은 극심한 경쟁 시대를 살며 꿈과 목표를 잃기 쉬운 현대인들에게 까마득하게 잊고 있었던 기억들을 불러일으킵니다. 진정한 경쟁자는 타인이 아니고 바로 나 자신, 그것도 '어제의 나'라는 당찬 도전을 합니다.

이 책의 원고를 받고 단숨에 읽었습니다. 깊은 산속 옹달샘에서 흘러나오는 시원한 생수를 한 병 마신 것 같습니다. 손은희 작가님을 알게 된 지 벌써 30년이 훌쩍 넘었습니다. 저자는 대학 시절부터 일본의 미우라 아야꼬 같은 작가가 될 꿈을 가지고 있었습니다. 문학 소녀의 순수한 감성을 가지고 있었는데 그 순수함을 오랜 세월이 흘러도 변치 않는 채 간직하고 있습니다. 『말씀의 샘에서 퍼올린 행복』, 『하나님의 퍼즐조각』에 이어 세 번째 저술을 출판하게 된 것을 진심으로 축하하며 기쁜 마음으로 추천합니다.

무엇보다도 저자는 기도의 여인입니다. 부부가 함께 기도로 사업을 하며 자녀들을 신앙으로 양육하고 주님과 동행하기를 힘쓰는 신실한 그리스도인입니다. 제가 참으로 늘 자랑스럽게 생각하는 가정입니다.

사실 꿈에 대한 책들은 적지 않게 출판되어 자칫하면 식상할 수 있는 주제임에도 불구하고 이 책이 신선한 자극을 불러일으키는 것은 저자의 진솔한 삶과 고백이 담겨 있기 때문입니다. 책을 읽다 보면, 저자의 이야기가 아니라 바로 나 자신의 이야기인 것을 느끼게 됩니다. 생생한 삶이 밑바탕에서 흐르고 가식이나 꾸밈이 없는 그대로의 맑은 영성이 흐르고 있습니다.

무엇보다 손은희 작가님의 책은 마음을 따뜻하게 해 줍니다. 읽으면서 여러 차례 가슴이 뭉클뭉클해지는 것을 느꼈습니다. 영어 표현에 "Never too late"라는 말이 있습니다. 너무 늦어서 못할 것은 결코 없습니다. 이 책은 청소년을 비롯하여 현실의 벽에 부딪혀 꿈을 상실한 모든 사람들에게 필요합니다. 저자는 읽는 독자에게 "괜찮아! 힘내! 넘어져도 괜찮아! 일어나면 돼! 살다 보면 깨질 수도 있고 박살 날 수도 있어!!"라고 행간마다 끊임없이 격려하는 것 같습니다.

그래서 누구나 이 책을 읽고 나면, '나도 할 수 있겠구나!' '한 번 해 보자!' 하는 자신감이 들 것입니다. 코로나로 마음이 가라앉기 쉬운 시대에 이 책을 꼭 일독하기를 권합니다.

아스라이 잊고 살던 꿈을 다시 기억나게

이 규 헌(Paul K. Lee) 박사
CBHI Canada 대표

우리는 어릴 때부터 책이나 어른들의 이야기를 통해 여러 가지 크고 작은 꿈을 꾸곤 합니다. 학교에 들어가면서 그 꿈은 변하기도 하고 더 발전하기도 합니다.

성장하면서 때로 좌절을 겪기도 하지만 그 꿈을 포기하지 않고 이루려 애쓰는 사람이 있고 도중에 그 꿈을 포기하고 그만 꿈마저 잃어버려 무의미한 삶을 살아가는 이도 있습니다. 또 젊은 나이가 아닌 70, 80, 90세가 넘어서 자기의 꿈을 이루며 세상을 바꾸는, 정말 감동적인 이야기도 우리는 미디어를 통해 접하곤 합니다.

"저기 꿈 꾸는 자가 오는도다." 요셉은 노예로 팔려가고 급기야 감옥 속 죄수의 삶이라는 나락으로 떨어진 듯했어도 결국 애굽의 총리가 되기까지 그는 한 민족의 리더로서 그 여정은 한마디로 꿈의 푯대를 향해 달려가는 삶 그 자체였습니다. 우리가 마음으로 꾸는 그 꿈(dream)이 현실 속의 비전(vision)으로 다가올 때 우리는 보다 행복한 내일을 약속받을 수 있을 뿐만 아니라 가정을 바꾸고 사회를 바꾸고 나아가 세상를 바꾸게 됩니다.

여기 손은희 작가의 『진정한 라이벌은 어제의 나야』라는 책은 독자에게 아스라이 잊고 살던 꿈을 떠올리게 합니다. 그리고 그 꿈을 다시 되새겨 보며 밝은 미래를 설계해 보고자 하는 의욕을 부추깁니다. 작가는 꿈을 이룬 많은 다른 사람을 거울로 삼는 것뿐만 아니라 자기 자신이 꿈 꿨던 지난날의 꿈을 되돌아보며 새롭게 그 꿈의 비전을 다잡고 이 글을 썼음을 보여 줍니다. 또 생활 속에서 구체적 실천 방법을 제시하며 하나하나 실천함으로 그 꿈을 이뤄 나감으로써 건강한 가정과 사회, 밝은 내일을 만들어 가자는 메시지를 심어 주고 있습니다.

무엇보다 손은희 작가는 꿈을 이루기 위한 가장 근본적인 토대는 건강한 육체와 건강한 정신이라는 모토를 갖고 많은 사람에게 건강 회복의 꿈을 이루어 주기 위해 건강 관리사로서 인도네시아 자카르타에서 마라내추럴 지사(캐나다 대체 의약품 사업)를 운영하며 건강 메신저로 왕성히 활동하고 있습니다.

사업을 통해 육체적으로는 많은 사람의 건강 회복을, 그리고 이 책을 통해서는 지난날의 꿈을 잃어버린 이들에게 그 꿈을 되살리게 하는 씨앗을 뿌리며 밝은 내일을 만들어 가고 있습니다. 이 책은 현실에 매몰된 채 아름다운 지난날의 꿈을 잃어버리고 바쁘게 살아가는 현대인들에게 한 잔의 커피처럼 향기를 주는 책이 될 것이라 확신합니다.

향긋한 차 한 잔을 마신듯

정 성 봉 목사
세계기독교직장선교연합회 지도목사, 꽃동산교회 협동목사,
농업정책보험금융원 투자운용본부장, ROTC 25기 신우회장

신선한 향이 퍼지는 한 잔의 차를 마시면 여유로움과 함께 온 몸에 행복감이 몰려옵니다. 이 책은 향긋한 차처럼 신선함이 묻어나는 책입니다.

본문 속의 "꿈도 유통 기한이 있다"에서 '꿈'이라는 단어가 '유통 기한'이라는, 마케팅과 경영에서 주로 사용되는 용어와 결합되어 현대인들에게 신선한 메시지를 전해 주고 있습니다.

작은 것이라도 실현됨으로써 가치가 증폭되는 '꿈'에 관하여 저자는 수필가로서 그리고 근실한 직업인이자 남편과 함께 가정의 행복을 위해 노력하는 한 주체로서 삶의 경험 속에 체득한 교훈을 자연스럽게 제시하고 있기에 설득력이 더 커보입니다. 특히 철저한 자기 관리의 중요성을 알면서도 정작 몸으로는 실천하지 못하고 바쁘게 살아가는 사람들에게 시간과 건강 관리에 관한 자기 성찰의 기회와 흔히 잊고 살기 쉬운 '자신의 꿈'에 대해 다시 한번 기억해 보게 하고 도전의식을 갖게 합니다.

이 책을 통하여 많은 사람이 행복해지고 풍요로운 삶에 한발짝 더 다가서기를 소망합니다.

진정한 라이벌은 어제의 나야

The Real Rival is just who I was yesterday
Written by Son eun hi
All rights reserved.
Korean Edition Copyright ⓒ 2020 by Christian Literature Center, Seoul, Korea

진정한 라이벌은 어제의 나야

2020년 10월 6일 초판 발행

지 은 이 | 손은희

편　　 집 | 곽진수
디 자 인 | 서보원
펴 낸 곳 | (사)기독교문서선교회
등　　 록 | 제16-25호(1980.1.18.)
주　　 소 | 서울특별시 서초구 방배로 68
전　　 화 | 02-586-8761~3(본사) 031-942-8761(영업부)
팩　　 스 | 02-523-0131(본사) 031-942-8763(영업부)
이 메 일 | clckor@gmail.com
홈페이지 | www.clcbook.com
송금계좌 | 기업은행 073-000308-04-020 (사)기독교문서선교회

ISBN 978-89-341-2203-6 (03230)

이 도서의 국립중앙도서관 출판예정도서목록(CIP)은 서지정보유통지원시스템 홈페이지 (http://seoji.nl.go.kr)와 국가자료공동목록시스템(http://www.nl.go.kr/kolisnet)에서 이용하실 수 있습니다. (CIP제어번호: CIP2020038369)

이 책의 저작권은 저자와 (사)기독교문서선교회가 소유합니다. 신저작권법에 의하여 한국 내에서 보호받는 저작물이므로 무단 전재와 무단 복제를 금합니다.

진정한 라이벌은 어제의 나야

손은희 지음

CLC

목차

추천사   1

  김 완 일 목사
    자카르타 주님의교회 담임

  김 추 성 박사
    합동신학대학원대학교 신약학 교수(Ph. D.)

  이 규 헌(Paul K. Lee) 박사
    CBHI Canada 대표

  정 성 봉 목사
    세계기독교직장선교연합회 지도목사, 꽃동산교회 협동목사,
    농업정책보험금융원 투자운용본부장, ROTC 25기 신우회장

글을 시작하며   15

제1장 꿈도 유통 기한이 있다   17
  1. 유통 기한의 철저한 관리   20
  2. 꿈의 적령기는 없다   26
  3. 포기하지만 않는다면   29
  4. 꿈의 폐기 처분 시간이 있다   31

제2장 꿈의 유통 기한을 내공으로!   36
  1. 놓칠 수 없는 절호의 시간   39
  2. 정신적인 소프트웨어를 업데이트하라   44
  3. 농밀한 삶을 위한 기술   49
  4. 세네카의 명언   53

제3장 1인칭 주인공 시점의 꿈　　　　　　　　　　56
　1. 진정한 성공 기준　　　　　　　　　　　　　　60
　2. 절대자를 만남　　　　　　　　　　　　　　　64
　3. 꿈의 수정　　　　　　　　　　　　　　　　　67
　4. 상처가 꿈으로　　　　　　　　　　　　　　　70

제4장 매년 꿈의 벽돌을 쌓아라　　　　　　　　　74
　1. 목표를 이루어야만 하는 이유를 생각하자　　　77
　2. 1년 시한부 인생이라면　　　　　　　　　　　82
　3. 꿈의 원점으로 돌아가 보자　　　　　　　　　88
　4. 원하는 것을 얻으려면 미쳐야 한다　　　　　　92

제5장 절차와 실천 과정을 기록해 가라　　　　　95
　1. 작은 성취감의 디딤돌　　　　　　　　　　　　99
　2. 타인에 의해 조종당하지 말라　　　　　　　　102
　3. 긍정적 변화에 박수를!　　　　　　　　　　　106
　4. 실천 방법은 유연하게　　　　　　　　　　　108

제6장 마라톤 경주는 결승점에서 승패가 난다　112
　1. 마지막에 승리하면 블랙홀도 빛난다　　　　　116
　2. 성실한 대가를 치뤄라　　　　　　　　　　　123
　3. 과정을 만끽하라　　　　　　　　　　　　　128
　4. 영향력은 삶이다　　　　　　　　　　　　　132

제7장 후회되는 만큼 집중하라   137

  1. 실패를 갱신하라   140
  2. 실패가 아닌 실험이다   145
  3. 계속 성장해 가라   149
  4. 때로 아름다운 포기도 있다   153

제8장 나는 역사책의 서술가다   158
  1. 심장이 뛰는 아침을 맞아라   161
  2. 일상의 선순환 패턴을 만들라   164
  3. 성장의 기쁨으로 꿀힐링 하라   166
  4. 꿈을 사수하라   173

글을 마치며   178

글을 시작하며

손은희

꿈도 유통 기한이 있다.
누구의 가슴에나 언젠가 만개하고픈 눈부신 꿈이 있다. 그런데 찬란한 꿈을 갖고 살지만 그 꿈도 유통 기한이 있다는 사실을 생각지 못하고 사는 사람이 많다.

꿈도 폐기 처분의 때가 있다.
아무리 간절히 이루고 싶은 꿈도 폐기 처분 시기가 오면 흔적도 없이 사라지고 만다는 것을 잊고 살 때가 많다.

진정 나의 라이벌은 어제의 나다.
진실로 자신이 원하는 꿈을 이루기 위해서 진정 맞서서 경쟁해야 할 라이벌은 타인이 아닌 '어제의 바로 나'임을 아는 사람도 많지 않다.

그러나 매일 벽돌을 쌓듯 하루하루 시간과 정성의 댓가를 성실히 치루는 사람은 진정한 라이벌은 바로 '어제의 나 자신'임을 진실로 알게 된다.

이 책을 읽는 동안 당신이 몇 살이고 환경이 어떠하든 이 세상에 태어나 진정 원하는 꿈이 무엇인지 다시 한번 고민하게 될 것이다. 만일 큰 꿈을 이루기 위해 멋진 꿈의 조감도에 따라 꿈의 조형물을 건축 중이라면 그 꿈의 건축물이 얼마만큼 지어져 가고 있는지 점검하게 할 것이다.

또 이런저런 이유로 아직 꿈을 이루기 위해 첫발조차 떼지 못한 사람이 있다면 이 책은 꿈의 능선을 오르기 위한 첫 걸음을 달뜬 마음으로 떼어 놓게 할 것이다. 왜냐하면, 나 또한 이 책을 쓰며 다시 한번 꿈의 계단을 하나씩 오르고 있기 때문이다.

이 글을 읽는 모든 분들이 꿈을 향한 능선을 오르는 가쁜 숨소리를 내쉬며 때로 목덜미에 흐르는 비지땀을 닦으며 충만한 성취감으로 가슴 뿌듯한 시간을 맞기를 소원한다.

그래서 매일 하나씩 어김없이 발을 내딛는, 꿈을 위한 계단 하나하나를 올라 어느 날 그토록 갈망하는 꿈의 만개점에 서게 될 때 그 활짝핀 꿈의 봉우리에서 기쁨의 환호성을 서로 합창처럼 울리게 되길 기도한다.

2020년 8월의 마지막 날 자카르타에서

제1장

꿈도 유통 기한이 있다

 나는 미국 뉴저지의 청명한 새벽의 기운을 느끼며 이 글을 쓰고 있다. 미국에 도착한 지 이틀밖에 안되어 아직 시차 적응이 안되었는지 새벽 3시경에는 눈이 떠진다. 옆에는 아직 딸아이가 곤히 자고 있는 시간에, 창가의 나직한 빗소리를 음악처럼 들으며 컴퓨터 자판을 두드리고 있다.

 딸아이는 미국에서 이제 사회에 막 새롭게 발돋움하는 디자이너이다. 그림 그리는 것을 유독 좋아하는 딸아이는 초등 3학년 때 뉴욕 거리가 나오는 영화를 보다가 이 다음 커서 뉴욕의 패션 디자이너가 되어 뉴욕 거리를 당당히 활보하고 싶다는 꿈을 꾸었다. 그래서 세계적인 3대 패션아트 스쿨 중 하나인 '파슨스'에 진학을 결심하고 그 꿈을 위해 열심히 노력하여 파슨스에 진학했다.
 지금은 졸업 후 이제 막 사회에 첫발을 내딛은 상태이다. 건강히 회사를 다니며 세계적인 디자이너 꿈을 이루기 위해 열심히 사는 모습이 감사하기만 하다.

29살의 저 싱싱한 나이에 나는 무엇을 했을까?

나는 곤히 자고 있는 딸아이의 모습을 보며 생각한다. 27살에 결혼을 한 나는 한창 신혼이었던 29살, 그 진달래 빛 같던 시간 속에서도 가슴에 일본의 '미우라 아야꼬' 같은 작가가 되고 싶다는 불타는 열망으로 가득찼었던 기억이 지금도 생생하다.

그런데 지금은 인도네시아 자카르타에서 캐나다 대체 의약품 사업(마라내추럴 인도네시아지사)을 하며 사업가로서 분주히 살고 있다. 한마디로 마음은 '작가'지만 몸은 '사업가'인 셈이다.

딸아이는 세계적인 디자이너라는 자신의 꿈을 이루기 위한 시간이 90세를 기준으로 한다면 61년이나 남은 셈이다. 그러나 나는 90세 기준으로 하면 고작 35년이 남았다. 80세를 기준으로 한다면 딸은 51년, 나는 25년이 남았다. 그렇게 계산을 해 보니 딸아이가 무척 부럽기도 하지만 아직 35년 아니면 25년이라는 기회가 남은 나도 참 행운이라는 안도감이 몰려온다.

이렇게 생각해 보면 꿈도 분명 유통 기한이 있다. 이 세상에서 꿈을 이루기 위해 노력할 수 있는 예상 기회 연수만이 꿈의 유통 기한이다. 이 유통 기한이 지나면 아무리 강렬한 꿈도 세상에서 펼칠 기회를 얻지 못한다.

사업을 하면서 바쁜 시간을 쪼개어 딸을 방문한 내가 아직은 낯선 이 미국 땅 뉴저지에서 이렇게 새벽비가 내리는 이 시간에도 컴퓨터 자판을 두드리고 있는 것은 왜일까?

이것은 29살 때 내가 꿈꿨던 그 꿈이 50대 중반인 내 가슴에 오롯이 아직 살아 있다는 증거가 아닐까 싶다.

우리가 꿈을 이루기에는 삶의 막다른 기슭까지 너무 인생이 흘러와 버렸다고 느낄 때는 이렇게 남은 꿈의 유통 기한을 계산하여 보는 것은 참 의미 있는 일이다. 아직도 내게 주어진 기회의 시간이 남았음을 확인하는 것은 실제적으로 시간을 더 이상 낭비하지 않을 수 있는 좋은 방법이다.

그 계산이 끝나면 더 이상 늦었다고 후회하거나 한탄할 시간조차 없다는 것을 느낄 수가 있다. 오직 남은 유통 기한에 초점을 맞추어 그 기회를 최대한 활용해 갈 필요가 절실함을 깨달을 수가 있다. 꿈을 이루기에는 너무 늦었다고 생각하는 내게는 35년 아니면 25년이라는 꿈의 유통 기한이 보물처럼 주어진 것 같은 호사스러운 기분마저 든다.

혹 당신이 20대 젊은이라면 당신이 평생 꼭 이루고 싶은 꿈은 무엇인가?

만일 당신이 중년을 넘어섰다면 젊은 날 어떤 꿈을 꾸었으며 언제 그 꿈을 잃어버렸는가?

잃어버리지 않았다면 그 꿈을 이루기 위해 남은 꿈의 예상 유통 기한은 얼마인지 한번 계산해 보라.

그리고 이제 공허한 후회로 더 이상 시간을 낭비하지 말고 남은 기회에 최선을 다함으로 후회의 강물을 정처 없이 더 흘려 보내지 말라.

그것만이 당신의 꿈을 소생시킬 수 있는 최상의 방법이다.

1. 유통 기한의 철저한 관리

얼마 전 인터넷에서 74세 할머니 발레리나가 20대 손자와 한 쌍이 되어 발레 공연을 하는 것을 보고 눈을 의심하지 않을 수 없었다. 74세라고는 정말 믿기지 않는, 20대 같은 탄탄하고 아름다운 몸매도 놀라웠고 그 몸매로 20대 발레리나도 소화하기 어려운 동작을 펼쳐 눈을 뗄 수가 없었다. 손자 발레 파트너의 머리에 발끝 하나로 꼿꼿이 서서 우아하게 팔을 펴고 있는 모습이 정말 감탄을 자아냈다. 공연이 끝날 때까지 보는 이들로 하여금 손에 땀을 쥐고 보게 하는 아슬아슬한 명장면은 나이를 의심케 하기에 충분했다. 그 유연하고 학처럼 아름다운 동작은 그야말로 예술이었다.

나이는 숫자에 불과하다는 말이 터무니없는 말은 아님을 수긍하게 되는 공연이었다. 74세이면 죽음을 준비해 가야 할 나이라고 통상적으로 생각한다. 세계적인 무대에서 공연을 해야 할 나이라고는 대부분 생각지 않는다.

그러나 그런 할머니가 20대처럼 사뿐사뿐 날아오르듯 절묘한 발레 공연을 성공적으로 끝내고 있었다!

얼마나 놀랍고 또 놀라운 일인가!

마치 74세에 인생의 황금기를 살고 있는 모습 같았다.

수필가이자 철학자인 김형석 교수가 100세에 건강히 강의하는 모습은 누구나 부러워한다. 그는 인생에서 가장 행복한 시기는 환갑부터라고 고백했다.

누구나 김 교수처럼 큰 질병없이 100세까지 왕성히 활동하며 건강히 사는 것은 아니지만, 의료 기술이 좋아진 현대는 관리만 잘하면 보통 80세, 90세를 넘도록 장수하시는 분들이 많다. 물론 의학이 발달하고 병원 문턱이 낮아지면서 고령화 추세는 갈수록 높아진다.

많은 사람이 꿈을 꾸고 그 꿈을 이루기 위해 노력한다. 그런데 꿈을 이루기 위해서는 꿈을 위한 노력보다 더 중요한 토대가 있음은 잊고 살 때가 많다. 의외로 많은 사람이 끔보다 더 중요한 이것을 별로 중요하게 생각하지 않고 산다.

꿈을 이루기 위해 가장 중요한 토대는 다름 아닌 '건강'이다. 건강을 관리하는 것은 꿈의 유통 기한을 늘리기 위해 가장 중요한 근간이 되는 일이다. 이 건강에는 정신적, 육체적, 영적인 건강이 모두 필요하다.

 이것을 망각할 때 우리는 어느 날 불현듯 '꿈의 파산'이라는 엄청난 파국에 직면할 위험이 있다. 막 꿈을 이루기 위해 힘찬 발걸음을 내딛었는데 꿈을 이루지도 못한 채 피어나지 못한 꽃처럼 건강의 이유로 삶을 마감하는 사람도 많다. 또 온갖 역경을 다 극복하고 꿈을 이루었지만 이제 이루어진 꿈의 행복 파티를 막 벌이는 시점에 생의 잔치가 끝나는 사람도 많다.

 47세에 사망한 『마지막 강의』의 저자 랜디포시 교수 이야기는 좋은 예이다. 나는 랜디포시 교수의 생애를 인터넷 강의와 책을 통해 살펴보면서 가슴 언저리를 울리는 안타까움에 가슴이 떨렸다.

 먼저 그의 삶을 짧게 살펴보자. 미국 브라운 대학과 카네기멜론 대학교에서 컴퓨터 과학을 전공한 랜디포시는 1988년부터 1997년까지 버지니아대학교, 1997년 이후 카네기멜론대학교 교수로 재직했다. 그는 카네기멜론대학교 종신 교수로 재직하던 중 2006년 9월 췌장암 진단을 받았는데 췌장암은 암 중 아직 현대 의학으로는 회복이 불가능한 것으로 판정되는 암이다. 이 사실을 알고 그는 2007년 여름, 안타까움으로 속울음을 삼키며 교수직을 사퇴하였다.

 그런데 카네기멜론대학교에서는 학기 말 교수들에게 보통 '마지막 강의'를 할 기회를 주는 게 관례여서 랜디포시도 이 '마지막 강의'를 제의받았다. 암으로 건강이 악화된 상태였으나 그는 2007년 9월 '당신의 어릴 적 꿈을 진짜로 이르기'라는 제목으로 강의를 했다.

이 강의는 녹화되어 인터넷 등으로 순식간에 퍼지기 시작했는데 췌장암으로 시한부 판정을 받은 교수답지 않게 건강한 모습으로 유쾌하게 진행된 명강의여서 그는 빠르게 세계적으로 유명세를 탔다. 많은 감동과 안타까움을 주었던 그의 사연은 그 후『마지막 강의』라는 책으로도 출간되어 큰 인기를 모았다.

그런데 이런 유명세에도 불구하고 그는 건강 상태가 더욱 악화되어 '마지막 강의'를 한 지 약 1년 후인 2008년 7월 25일에 만 47세로 세상을 떠나고 말았다. 그동안 열심히 노력하여 쌓아 온 그의 화려한 이력도, 청중을 매료시키던 강의도 순식간에 멈춰 버린 것이다.

그뿐인가! 인류에 크게 도움이 될 만한 컴퓨터 프로그램에 대한 그의 풍부한 아이디어도, 가족을 향한 절절한 사랑도, 빛을 발하던 명석한 두뇌도 모두 조용히 무덤에 묻혀 버렸다.

죽음을 앞둔 자이지만, 유머가 섞인, 유유자적하면서 자신감 넘치는 모습으로 한 '마지막 강의'는 그래서 더욱 사람들의 기억에 남는 강의가 되었다. 죽음이 서서히 다가오는 것을 느끼자 가족을 끔찍히 사랑했던 그는 가족에게 좋은 남편과 좋은 아빠로서의 모습을 마지막 발자국처럼 남기기 위해 최선을 다했다고 한다.

나는 그에 대한 책을 읽으며 어릴 적 꿈을 이루기 위해 온 정열을 다해 삶을 개척해 온 그의 열정과 투지가 얼마나 아름답게 느껴졌는지 모른다. 그리고 그 모습이 아름다운 만큼 그의 짧은 마지막은 얼마나 아쉬웠는지 책장을 덮고도 가슴속 울림을 진정할 수 없었다.

랜디포시 교수처럼 좀더 건강했더라면 자신의 전공 분야에서 인류에 도움이 되게 세계적으로 크게 일할 수 있는 사람들이 건강 때문에 먼저 세상을 등지는 일은 참으로 많다. 이런 불운의 인생이 되지 않기 위해 지금의 내 나이가 얼마이든 꿈을 이루고자 하는 사람은 정신적, 육체적, 영적 관리를 제대로 해 가야만 한다.

내가 수영을 시작한 것도 그런 이유이다. 체력이 약한 나는 글을 몰아서 며칠을 쓰거나 책 한 권을 출간하고 나면 늘 심하게 앓아눕곤 했다. 체력의 한계를 느낀 나는, 내가 작가의 꿈을 이루기 위해 가장 중요한 것은 내 약한 체력을 키우는 것이라는 걸 알고 2년 전부터 주 3-4회씩 수영을 한다. 수영을 하면서 체력은 서서히 좋아졌고 늘 산뜻한 컨디션으로 사업도 하고 틈틈이 글도 쓸 수 있었다. 앞으로 35년간 아니면 25년간 내가 꿈꾸는 미우라 아야꼬 같은 작가로 영향력 있는 삶을 살기 위해서는 체력 관리를 꾸준히 해야 한다.

당신이 꿈이 있다면 이제부터는 반드시 꿈을 이루기 위한 가장 중요한 토대인 건강을 철저히 관리하는 운동을 한두 가지는 꼭 시작을 해야 한다.

성공하는 사람과 성공하지 못하는 사람의 차이점은 여러 가지가 있다. 그중에 하나는 성공하는 사람은 '해야겠다고 마음먹은 것을 실천하는 사람'이고 성공하지 못하는 사람은 '늘 마음만 먹고 끝나는 사람'이라고 한다. 누구나 늘 마음으로 다짐은 수없이 한다.

정말 다짐으로 끝나지 않기 위해 지금 종이를 꺼내 나에게 맞는 하고 싶은 운동과 그 운동을 시행하기 위한 시간을 정해 두라.

그리고 내일부터 그 운동을 시작하라.

또 매일 그 시간에 운동을 하면서 '나는 꿈을 위해 한 걸음을 이미 내딛었다'고 자신을 끝없이 격려하라.

그럴 때 꿈의 가장 중요한 기반인 체력이 길러질 것이다.

윤태원의 『미생』에 나온 다음 구절은 꿈을 이루기 위해 체력이 얼마나 중요한지를 일목요연하게 집약해 놓았다.

> 네가 이루고 싶은게 있거든 체력을 먼저 길러라.
> 평생 해야 할 일이라고 생각되거든 체력을 먼저 길러라.
> 게으름, 나태, 권태, 짜증, 우울, 분노 등등은 모두 체력이 버티지 못해 정신이 몸의 지배를 받아 나타나는 증상이야.

네가 후반에 종종 무너지는 이유, 데미지를 입은 후 회복이 더딘 이유, 실수한 후 복귀가 더딘 이유, 모두 체력의 한계 때문이다.

체력이 약하면 빨리 편안함을 찾게 마련이고 그러다 보면 인내심이 떨어지고 그 피로감을 견디지 못하게 되면 승부 따위 상관없는 지경에 이르지.

이기고 싶다면 충분한 고민을 버텨 줄 몸을 먼저 만들어!

'정신력'은 '체력이라는 외피의 보호 없이는 구호밖에 안돼!

- 윤태원, 『미생』 중에서

2. 꿈의 적령기는 없다

뉴저지의 한인 타운 거리는 마치 한국의 거리와 흡사할 만큼 한글 간판이 즐비하고 한국 사람도 많다. 조용하면서도 한국 거리와 비슷하니 처음 방문객도 낯설지 않게 마음을 열게 하는 거리다. 마치 90년대의 소도시 같은 느낌이 정겹기까지 하다.

나는 지금 거리에 있는 'JUBILEE'라는 카페에 왔다. 이곳에서 브런치(Brunch)를 뉴욕 맨하탄에서 오랫동안 사업을 해 오신 여사장 한 분과 하기로 했다. 60대이지만 맨하탄 한복판에서 의류 사업을 10여 년간이나 해 온 여장부답게 운전도 얼마나 능숙한지 뉴욕과 뉴저지에서 모르는 길이 없다.

그녀는 60대이면 음식도 탕 종류나 비빔밥 같은 한식류를 찾을 듯하지만 이곳에서 젊은 층이 즐겨 먹는 스파게티와 샐러드와 샌드위치를 아주 맛나게 드셨다. 60대에도 열심히 사업하며 씩씩하게 사는 모습이 참 멋지다. 60대지만 사업을 허서 이루고 싶은 그녀만의 멋진 꿈이 있다.

살다가 이런 분들을 만나면 '결혼 적령기'는 있을 수 있어도 '꿈의 적령기'란 있을 수 없다는 것을 느끼게 된다. 꿈을 이루기 위해 노력할 수 있는 시간과 환경이 생긴다면 바로 그때가 나이와 상관없이 꿈의 실현을 위한 최적기가 아닐까 싶다.

꿈을 이루기에 늦은 나이란 없음을 단적으로 보여 주는 사람이 있다면 일본의 모지스 할머니이다.

이 모지스 할머니(1860-1961)는 75세에 그림을 그리기 시작하여 101세까지 살면서 그림 하나로 미국인들을 매료시킨 사람이다. 따뜻하고 소소한 행복의 일상이 담긴 그림은 어느 유명 화가의 그림보다 더욱 사람들에게 위안이 되었다고 한다.

그녀의 결혼 생활은 풍족하지는 않았지만 행복했다고 한다. 비록 열 명의 아이들 중 다섯 아이를 하늘로 먼저 떠나 보내고 남은 다섯 아이와 삶을 살아갔지만 그 속에서 행복을 찾았던 것이다. 그런데 너무나 불행하게도 남편 토머스가 심장마비로 먼저 하늘나라로 떠나게 된다. 그 후 결핵에 걸린 딸 애나를 간호해 주면서 손자들과 살던 모지스 할머니는 손자의 방에서 우연히 발견한 물감을 가지고 그림 그리기에 도전한다.

가장 아름답고 행복한 순간에도 예술이 탄생하지만 가장 참혹하고 슬픈 순간에도 예술은 탄생된다. 남동생과 여동생을 먼저 하늘나라로 보내고 어린 자녀들과 남편도 먼저 하늘나라로 보낸 그녀의 마음이 그림에 오롯이 투영된 것이다.

어느 날 미술 수집가였던 루이스 칼더는 뉴욕주의 작은 시골 약국 벽에 걸린 모지스 할머니의 그림을 발견하고 감동한다. 그리고 오토 칼리어라는 큐레이터는 뉴욕의 전시장에 그녀의 그림을 전시함으로 세상에 그녀를 드러내게 하였다.

배우지 않은 소박한 손길로 그려진 그림들, 시골의 순수함이 가득한 그림들은 많은 도시인을 매혹시켰다. 바쁘게 지내던 뉴욕 사람들은 그녀의 그림을 통해 잃고 있던 것들을 떠올렸을 것이다.

도시로 떠나오기 전 유년의 고향, 가족과 함께 집안일을 하는 것, 소박한 내 이웃들과 소통하는 것 등등 소박한 일상을 그렸던 그녀는 점차 유명해졌고 인기가 높아졌다.

1948년 「뉴욕 타임스」는 모지스 할머니의 88년 인생을 돌아보는 이야기를 실었다. 1952년 아흔 두 살의 그녀는 『내 삶의 역사』라는 자서전을 출간했으며 이듬해 「타임지」 표지 모델이 되기도 했다. 그녀는 인생의 마지막들을 공동체 안에서 사랑받고 인정받으며 자신의 그림을 세상과 나누며 행복하게 지냈다.

모지스 할머니는 이렇게 고백했다.

"삶은 우리가 만들어나가는 것이예요. 언제나 그랬고 앞으로도 그럴 것입니다."

- 강일송의 글 중에서

오늘은 미국에 올 때면 자주 걷는 뉴욕의 맨하탄 거리를 걸으며 나는 생각에 잠긴다.

이 화려하고 북적이는 맨하탄의 팍팍한 아스팔트 위를 바삐 걷는 건조한 심령들에게 모지스 할머니의 그 전원적이고 따뜻한 그림들은 추운 겨울날 마시는 한 잔의 커피처럼 향기로웠으리라!

모지스 할머니는 90대에 세상의 많은 갈한 영혼에게 단비 같은 그림을 그렸다!!!

얼마나 감동적인 인생인가!

모지스 할머니에게 꿈의 적령기는 75세였다. 그리고 101세까지 2,000여 점의 그림을 그렸다. 우리에게 꿈의 적령기란 없다. 시작하는 지금이 최적의 출발점인 셈이다.

3. 포기하지만 않는다면

우리 아파트 단지 화단에는 갖가지 예쁜 남국의 꽃들이 있다. 출근 길, 채송화처럼 앙증맞은 보라색 꽃부터 주황색의 꽃, 노란색 꽃 등이 아직 이슬 먹은 그 정갈한 민낯을 빼꼼히 들고 지나가는 나를 반기듯 쳐다보는 모습은 가히 매혹적이다.

꽃씨가 땅에 떨어져 봉오리가 맺혀 꽃이 만발할 때, 사람들은 발걸음을 멈추고 눈부신 꽃을 바라보며 탄성을 울린다. 인생의 꽃도 만개하는 시기가 있는데 이는 사람마다 다르다. 그러나 한 가지 분명한 것은 꿈을 포기하지 않는 한 반드시 만개의 시기는 다가온다.

일본의 시바타 도요 할머니는 100세에 그 삶의 꽃이 만개한 인물이다. 그녀의 이야기는 정말 놀랍기 그지없다. 92세에 처음 시를 쓰기 시작해서 98세에 첫 시집 『약해지지마』를 발간한 시바타 도요 할머니는 90대에 시인 데뷔라는 사실도 놀랍다. 또 첫 번째 발간된 책이 단 6개월만에 70만 부가 팔린 엄청난 베스트셀러 작가라는 데도 감탄하지 않을 수 없다. 100세를 눈앞에 둔 여성이 잔잔한 필체로 풀어낸 시는 많은 일본인에게 감동과 공감을 선사하고 있다.

평생을 글 쓰는 일과는 무관하게 살아온 시바타는 92세가 되어서야 처음으로 글을 쓰기 시작했다. 나이가 들고 거동이 불편해지면서 평소 취미로 하던 일본 무용을 할 수 없게 되자 적적할 어머니를 배려하여 시인인 아들 겐이치가 추천한 것이다.

아들은 어머니의 재능을 알아보고 신문사에 투고할 것을 제안했다. 그리고 그 시는 6,000 대 1의 경쟁률을 뚫고 유명한 「산케

이 신문」 1면 '아침의 노래' 코너에 실리게 되었다. 남들보다 긴 인생이 재산이 된 시바타의 시는 금세 사람을 감동시키는 작품으로 널리 알려지게 되었다.

첫 책 『약해지지마』가 나오자 98세 신인작가 시바타에 대해 일본 미디어들이 주목하기 시작했다. 시집이 인기를 얻으면서 90대에 왕성한 창작 의욕을 불태우고 있는 시바타의 건강과 장수 비결에 대해서도 관심이 쏠렸다.

일반인과 전혀 다를 것 없는 평범한 일상생활을 보내고 있는 시바타의 장수 비결은 다름 아닌 왕성한 호기심이다. 눈에 보이는 것, 들리는 것, 모든 것에 관심을 갖고 침대 머리맡에도, 거실에도 언제나 팬과 종이를 두고 생각나는 것을 메모한다.

100세에 자신의 꿈을 찬란하게 이룬 시바타 도요 할머니의 눈부신 성공은 그보다 젊은 사람들이 이룬 꿈의 실현보다 더욱 감동스럽고 매력적이다. 누구나 그 꿈을 포기하지만 않는다면 100세에도 이렇게 그 꿈은 탐스럽게 만개할 수 있는 것이다.

4. 꿈의 폐기 처분 시간이 있다

"인생의 가장 소중한 보물들이 사장되어 있는 곳이 '무덤'이다" 라는 구절을 처음 읽었을 때 나는 정말 의아했다. 그러나 그 의미를 정확히 알고 나자 진실로 가슴깊이 공감하지 않을 수 없었다. 이루지 못한 꿈, 사업, 구상 중이지만 집필하지 못한 책, 노동으로 벌어들일 수 있는 수많은 재화 등이 빛을 잃고 고스란히 묻혀 있는 곳이 무덤이라는 의미다.

많은 사람이 꿈을 이루기 전에 무덤으로 들어가는 예가 정말 많다는 사실을 이 한 구절을 통해서도 확실히 알 수 있다. 누구의 인생이나 이렇게 꿈이 흔적도 없이 폐기 처분되는 시간이 온다.

우리가 이 지상을 작별한 후에는 세상 어디에도 우리의 퍼득이던 꿈은 없다. 아름다운 노을 속에도, 영롱한 별빛 속에도, 울창한 숲에도, 마른 달의 가슴에도 우리의 찬란하던 꿈은 자취를 찾을 수 없다. 우리의 꿈은 우리의 심장이 펄떡이던, 살아 있는 시간 속에서만 우리의 심장을 관통하여 들끓는 그 무엇이다.

나는 위 무덤에 관한 구절을 읽고 내 자신이 세상을 하직하고 무덤에 들어갔을 때의 모습을 한번 상상해 보았다. 한국의 미우라 아야꼬가 되겠다고 마음먹고 여러 가지로 구상하며 써 왔던 원고 뭉치가 출간되지 못한 채 컴퓨터 파일에 내장된 채로 있다면 나의 무덤에는 몇 권의 책이 사장될 것이다.

우리는 사는 데 급급하느라 죽음에 대해 생각할 여유가 별로 없다. 그런데 죽음에 대해 진지하게 생각해 보고 이 땅에서의 마지막 순간을 상상해 보라.

 그 마지막 그 순간에 후회하는 일이 없도록 오늘 지금 이 순간을 정말 잘 활용해야 함을 다시 깨닫게 된다. 으리에게는 꿈의 폐기 처분 시간이 다가오기 전에 그 꿈을 살려 나야 할 의무가 있는 것이다.

 나는 지금 뉴욕 존에프케네디공항에서 인천공항까지 왔다. 인천공항을 경유하여 다시 자카르타로 돌아갈 것이다. 지금 시간은 오전 8시 20분인데 내가 비행기를 탈 시간은 3시 5분 비행기다.

 아침에 공항에 내려서 샌드위치를 먹고 공항 샤워실에서 말끔히 샤워를 하고 지금은 안락한 카페 의자에 앉아 글을 쓰고 있다. 환승을 기다리며 고단한 몸이지만 즐겁게 글을 쓰는 것은 꼭 이루고 싶은 나의 꿈이 있기 때문이다.

 나는 이 시간 공항의 아늑한 풍경들을 바라보며 잠시 상상을 해 본다. 만일 내가 탄 자카르타행 비행기가 기류나 비행기 결함에 의하여 추락하는 사고가 발생한다면 나는 원치 않아도 오늘 내로 인생의 마지막을 맞게 될 것이다. 그러면 이렇게 공항의 의자에 앉아 자판을 두드리며 꿈을 이루기 위해 발버둥 치며 노력하던 모든 것도 결실을 맺지 못한 채 끝장이 난다.

 과연 누가 자신의 마지막을 예측할 수 있겠는가!

 그런 순간이 예기치 않게 온다면 내 안에 퍼득였던 꿈을 향한 갈망의 날개는 그 순간 완전히 꺾이고 만다. 그러기에 꿈의 유효

기간인 한시적인 시간을 어떻게 부여잡고 활용하여 꿈을 이루어 가야 하는지 고민하는 것은 인생에서 가장 필요하고 중요한 고민이다.

한때 인터넷과 블로그를 뜨겁게 달구었던 '스티브 잡스의 마지막 말'이라고 이름의 글이 사람들의 심금을 울렸었다. 그 글이 실제 스티브 잡스의 마지막 말이 아니고 어느 무명 작가가 쓴 글이라는 이야기도 있다. 어쨌든 글의 저자가 누구이든 인생의 마지막에 서 있는 자의 심경으로 지난 삶을 반추하게 하는 좋은 글이라 여기에 인용해 본다.

이 글은 인생의 마지막에 섰을 때 과연 인간에게 가장 중요한 것은 무엇인가를 생각하게 한다. 또 우리가 태어나서 가슴에 품은 꿈이 인생의 마지막 순간에 아쉬움으로 남지 않게 진정 노력하며 살아야 함을 다시 한번 깨닫게 한다. 참고로 스티브 잡스는 56세인 2011년에 췌장암으로 자택에서 사망했다.

> 나는 비즈니스계에서 성공의 정점에 도달했다.
> 남들 보기에는 내 삶은 성공의 전형이다.
> 하지만 나로서는 일을 빼고는 즐거움이란 별로 없었다.
> 결국 부란 내게 익숙한 삶에 불과하다.
> 지금 이 순간 병상에 누워 내 일생을 돌아보면 그토록 자랑스러웠던 명성과 부는 닥쳐올 죽음 앞에 빛이 바래고 아무런 의미도 없다는 것을 깨닫는다.

어둠 속에서 생명 연장 장치에서 발산되는 초록 불빛을 바라보며 윙윙거리는 기계 소리를 들을 때 내게 점점 가까이 다가오는 죽음의 신이 내뿜는 숨소리를 들을 수 있다.

이제야 나는 깨달았다. 생을 유지할 적당한 부를 쌓았다면 그 이후 우리는 부와 무관한 것을 추구해야 한다는 것을 ….

그 무엇이 부보다 더 중요하다면 예를 들어 인간관계, 아니면 예술, 또는 젊었을 때의 꿈을 ….

끝없이 부를 추구하는 것은 결국 나 같은 비틀린 인간만을 남긴다. 신은 우리에게 부가 가져오는 환상이 아닌 만인이 가진 사랑을 느낄 수 있도록 감각을 선사하였다.

내 인생을 통해 얻는 부를 나는 가져갈 수 없다. 내가 가져갈 수 있는 것은 사랑이 넘쳐 나는 기억뿐이다. 그 기억이야말로 나를 따라다니고 나와 함께 하고 지속할 힘과 빛을 주는 진정한 부이다.

사랑은 수천 마일을 넘어설 수 있다. 생의 한계는 없다.

가고 싶은 곳을 가라.

성취하고 싶은 높이를 성취해라.

이 모든 것이 너의 심장과 손에 달려 있다.

제2장

꿈의 유통 기한을 내공으로!

내게 남겨진 꿈의 유통 기한을 계산했다면 그 기한을 최대한 활용하기 위한 계획은 필수적이다. 소프트뱅크 손정의 회장의 삶을 읽다 보면 그 치열함과 열정이 전염되어 온다. 그의 성공적인 삶의 뒤안길에는 분명하고도 구체적인 목표와 이를 실행하고자 하는 확실한 실천력이 있었음을 볼 수 있다.

그가 쓴 글에는 이런 말이 있다.

19세, 나는 웅대한 그림을 그렸다. 이름하여 '손정의 인생 50년 계획'이다. 20대부터 60대까지 앞으로 50년 동안 내가 도전할 것들, 이뤄 내야 할 것들에 대한 비전을 완성할 것이다. 이후 내 삶은 온전히 그 비전을 현실화하는 데 바쳐졌다. 계획을 바꾼 적도 목표치를 낮춘 적도 이를 달성하지 못한 적도 없다.
"신중히 계획하되 반드시 실행한다." 이것은 내가 평생을 두고 지켜 온 원칙이다.

그럼 손정의 인생 50년 계획은 무엇이었나 슬쩍 들여다보자.

20대. 이름을 알린다.
30대. 사업 자금을 모은다.
40대. 큰 승부를 건다.
50대. 사업을 완성시킨다.
60대. 다음 세대에 경영권을 넘긴다.

이런 인생 계획을 짠 손정의 회장은 다음과 같이 실천해 갔다.

20대의 목표인 이름을 날리기 위해 소프트뱅크를 창업했다.
30대, 사업 자금을 모으기 위해 증시 상장, 야후 투자, 야후 재팬을 설립했다.
40대, 큰 승부를 걸기 위해 초고속 인터넷을 도입했고 Vodafone K.K.를 인수했다.
50대, 사업을 완성시키기 위해 아시아의 대표 정보 통신 기술 ICT 그룹으로 발돋움했다.
60대, 인생 계획을 실천하기 위해 후진 양성 기관인 '소프트뱅크 아카데미'를 설립했다.

손정의 회장의 인생 계획과 실천적인 삶을 보면서 내 인생을 다시 한번 돌아보지 않을 수 없었다.

20대 대학 시절, 친한 친구와 용산의 한강대로를 걸으며 나누던 대화가 있었다.

어둠이 내리는 시간, 한강의 강물은 대로변 가로등 불빛을 받아 검은 비늘을 넘실거리고 있었다. 가을바람은 더없이 선선히 불어오는 아름다운 날이었다.

서로의 꿈에 대해서 이야기를 나누며 친구는 이렇게 말했다.

"그래! 너는 꿈처럼 미우라 아야꼬 같은 작가가 되렴, 나는 지금 이야기한 것처럼 교수가 될게. 네가 작가가 되고 내가 교수가 되어 함께 또 이 한강대로를 걸으며 이 날을 추억해 보자."

이렇게 친구와 꿈을 나누던 풋풋하던 과거를 회상하니 나 또한 꿈은 있었지만 손정의 회장처럼 보다 구체적이고 치밀한 계획이 따르지 않았음이 후회막급하다.

고등학생인 아들이 2주 후에 있을 중간고사를 대비해서 계획표를 짜고 있다. 시험 2,3주 전에 매일 해야 할 시험 공부 계획을 짜고 그것을 실천하면 시험 일이 닥쳐도 당황하지 않고 시험을 잘 볼 수 있다는 것을 아들은 몇 번의 경험을 통해 알기 때문에 계획을 세우는 것이다. 우리 인생도 시험을 치루는 학생처럼 10년 단위, 1년 단위, 월별 단위, 일별 단위의 계획표가 있어야 죽음의 순간이 와도 당황하지 않고 후회 없이 이 땅을 떠날 수 있는 유한한 존재이다.

나는 손정의 회장의 인생 계획표를 보며 늦은 감은 있지만 내 인생 계획표를 짜 본다. 나는 이미 모지스 할머니와 시바타 도요의 인생을 알기 때문에 대략 90대까지 인생 계획을 세울 것이다.

이 글을 읽고 있는 당신은 어떠한가?

손정의 회장의 글을 읽고 당신도 인생 계획을 한번 세워 보고 싶은 의욕이 생기지 않는가?

그럼 잠시 이 책장을 덮고 흰 종이에 당신의 인생 계획을 써 보라. 그리고 그것을 결단력을 가지고 실천한다면 누구나 지금보다 더욱 성공적이고 후회 없는 인생이 될 것이다.

1. 놓칠 수 없는 절호의 시간

독일의 유명한 지휘자이자 연주가인 '크리스토퍼 에셴 바흐'는 "시간을 지배할 줄 아는 사람은 인생을 지배할 줄 아는 사람이다"라는 유명한 말을 했다. 하나님은 공평하게 우리 모두에게 동일하게 24시간을 주셨다.

그런데 어떤 사람은 이 24시간을 잘 활용하여 자기 꿈도 이루고 성공하고 어떤 사람은 주어진 시간을 마음대로 허비하며 살다가 인생을 실패자로 마감한다. 결국 우리 인생의 성공과 실패는 우리에게 주어진 24시간을 어떻게 활용하느냐가 관건이다. 그래서 시간 관리의 중요성을 알리는 많은 책과 강연이 넘쳐 난다. 중요한 것은 그럼에도 그것을 내 삶에 실천하여 습관화하지 않는 한 우리에게는 아무 소용없는 것이 되고 만다.

'다스의 자기 계발 연구소'에서 "시간절약을 위한 10가지 충고"라는 제목으로 유튜브에 올린 글이 나에게는 큰 도움이 되어 여기에도 옮겨 본다.

① 무가치한 일에는 거절할 용기를 가져라.
② 시간에 우선 순위를 정하여 사용하라.
③ 가장 중요한 사항에 총집합하라.
④ 자신의 어떤 습관이 시간을 낭비하게 하는지 살펴보라.
⑤ 능률이 오르는 시간을 최대한 활용하고 휴식하라.
⑥ 자신의 물건을 활용하기 좋게 구별 정리하라.
⑦ 구체적인 목표를 세우고 그 성취도를 확인해 가라.
⑧ 자투리 시간을 활용하여 간단한 책을 읽으라.
⑨ 사소한 일은 모아서 처리하든지 미루라.
⑩ 24시간을 어떻게 쓰고 있는지 1주일만 자세히 기록해 보라.

나는 올해 안에 지금 쓰는 이 책의 원고를 반드시 끝내기로 연초에 작정을 했다. 그런데 연초의 다짐과는 달리 오늘이 4월 14일 그러니까 올해의 1/3이 거의 다 지났음에도 원고의 8장(章) 중 겨우 1장만 완성을 한 상태이다.

일주일 전에는 이곳 자카르타에서 열린 국제 엑스포 의료박람회에 우리 회사도 참가하여 3일 박람회를 열었다. 이제 우리 회사에서는 에이전트를 뽑아 교육을 시켜 사업을 확대할 계획을 가지고 추진할거라 또 바빠질 것이다. 이렇게 일을 하다 보면 늘 생각하는 것이지만 시간은 꿈을 이루기 위한 노력을 하라고 절대 기다려 주지 않는다. 마치 나이아가라 폭포의 거침없는 물살처럼 무섭게 흘러만 간다.

이렇게 분주히 살다 보면 올해 안에 끝내려고 계획을 세운 이 원고도 내년으로 미뤄질 수도 있다. 그러나 나는 계획대로 올해 안에 끝내기 위해 최선을 다할 것이다. 왜냐하면, 그렇게 미루다 보면 꿈은 세월에 밀려난 채 떠돌다 어느 날 느닷없이 이루지 못한 꿈을 안타까워하며 생을 마칠지도 모를 일이기 때문이다.

그렇게 무계획적으로 인생을 산 사람들의 무덤은 굳이 찾지 않아도 지천에 깔렸다.
그래서 오죽하면 이런 묘비명이 다 있지 않는가!

I knew if I stayed around long enough something like this would happen.

이 묘비명은 우리 나라에서는 아일랜드의 극작가로 유명한 버나드쇼의 묘비명으로 알려져 유명한 말이다. 그런데 한 국내통신

사의 의도적인 오역으로 다음과 같이 번역되었다고 한다. 그런데 사실 의도적인 오역이 정말 가슴에 더 와닿는다.

우물쭈물 살다 내 이렇게 끝날 줄 알았지!

이 얼마나 인생의 마지막에 남길 수 있는 아이러니하면서도 서글픈 한마디인가!

이런 비참한 묘비명을 남기지 않기 위해 우리는 구체적인 시간 계획이 필요하다. 그리고 시간 계획 후에는 반드시 실천이 뒤따라야만 한다. 우리에게 있는 꿈과 그것을 위한 계획과 실천을 함께 세우는 것이 중요하다. 하지만 그렇게 계획을 세웠다 해도 정작 현실속에서 실천하지 않는다면 그것은 아무 소용없는 휴지 조각에 불과하다.

내가 일주일에 한 장(章) 소제목의 글을 정말 알차고 감동적이게 쓰려면 그 소제목과 연관된 책을 몇 권은 훑어보고 인터넷에 관련 자료를 찾아보는 노력이 필요하다. 어떤 일이든 구체적인 실천을 위한 행동이 있어야만 성과와 결과물을 맛볼 수 있는 것이다.

꿈을 위한 구체적인 실천 계획이 있고 우리가 무의식적으로 흘러보내는 시간을 의식적으로 잘 활용하기만 하면 꿈의 실현은 자연스런 열매로 따라온다. 때로 계획표를 세워 그것에 따라 살다 보면 너무 생활이 옥죄일 것 같고 여유가 없을 겻같이 느낄 수도 있다. 하지만 시간 계획을 세워 생활하다 보면 오히려 집중적으로 일하고 달콤한 휴식을 취할 수 있어 더욱 여유 있는 생활이 가능하다.

 오히려 무계획적으로 시간을 낭비하다 보면 정작 해야 할 일을 뒷전에 두고 있다가 서둘러 해야 하므로 시간에 쫓겨 늘 바둥거리듯 살게 된다.

 그러므로 시간 계획을 세워 시간 관리을 하면서 사는 습관이 그 무엇보다 인생에서 정말 중요하다는 것은 아무리 강조해도 지나침이 없다.

 시간 관리를 잘 하는 좋은 습관을 몸에 배게 노력하는 것이 얼마나 중요한지는 미국의 유명한 심리학자이자 철학자인 윌리엄 제임슨의 다음 구절을 통해서도 다시 한번 절감할 수 있다.

> 생각이 바뀌면 행동이 바뀌고 행동이 바뀌면 습관이 바뀌고 습관이 바뀌면 인격이 바뀌고 인격이 바뀌면 운명까지도 바뀐다.

 이 유명한 명언은 습관의 중요성을 설파하고 있다. 시간 관리의 습관을 몸에 배도록 노력하면 그것은 우리의 꿈을 이루게 하여 결국 실패의 인생에서 성공의 인생으로 우리의 운명까지도 바꿀 수 있게 만든다.

2. 정신적인 소프트웨어를 업데이트하라

컴퓨터의 하드웨어는 중앙처리 장치, 모니터, 자판, 컴퓨터 기억장치, 메인보드 등 컴퓨터의 물리적 부품을 의미한다. 소프트웨어는 컴퓨터 하드웨어와는 반대로 컴퓨터 시스템, 프로그램, 데이터에 의해 처리된 모든 정보를 말한다.

만일 컴퓨터를 질적으로 성장시키려 한다면 하드웨어의 교체보다 중요한 것이 소프트웨어의 갱신이다. 그래서 소프트웨어의 업데이트라는 말은 소프트웨어에 변화를 주는 것, 오래된 소프트웨어를 최신 버전으로 끌어올리거나 오류가 발견됐을 때 고쳐서 기능을 향상시키는 것을 말한다.

이렇게 컴퓨터도 표면적인 외형의 변화보다 중요한 것이 내적인 갱신과 향상이다. 그것은 발전을 의미하기 때문이다. 인간도 마찬가지이다. 한 인간이 성장하고 발전한다는 것은 외적인 변화나 발전보다 내적인 변화와 향상을 이야기하는 것이다. 그것은 더 나은 인생을 위해 무엇보다 중요하다.

그렇다면 한 인간의 소프트웨어인 정신적인 향상을 가져올 수 있는 가장 영향력있는 것은 무엇일까?

그것은 두말할 필요없이 독서이다.

우리는 누구나 자기안에 위대함의 씨앗을 간직하고 있습니다. 그렇지만 무슨 연유에서인지 이 씨앗을 꽃피우는 사람은 극소수에 불과합니다. 이들은 자신의 재능에 투자하고 자극받고 고무됨으로써 이 위대함을 꽃피우는 것입니다.

이는 『지그 지글러의 성공메시지』라는 책에 나오는 구절이다.
우리 안에 위대함의 꽃을 피워가기 위해 자극하는 가장 좋은 도구는 독서인 것이다.

그래서 자신의 인생에 설계했던 꿈을 이룬 성공자의 대부분은 독서광이다. 독서는 내적, 정신적인 변화를 일으키고 그것은 행동의 변화를 일으키는 원동력이 되기 때문이다.
어제의 나 자신보다 나은 내가 되기 위한 방법인 독서를 통해 많은 사람이 『데미안』에 나오는 구절처럼 자신의 한계라는 알을 깨고 새롭게 성장해 가는 것이다. 이렇게 자신의 한계를 넘어 성장을 위해 노력해 갈 때 우리가 경쟁으로 삼아야 할 진정한 경쟁자가 누구인지 아는 것은 중요하다.
"최고의 라이벌은 어제의 나 자신이다"라는 명언이 있다.
이 치열한 경쟁 시대를 살면서 우리는 수많은 라이벌을 만난다. 그런데 진정 발전적인 삶을 지향하는 사람은 '어제의 나' 자신을 라이벌로 삼고 보다 발전적인 내가 되기 위해 노력한다는 것이다.
이 얼마나 신선하고 감동적인 구절인가!

미국의 심리학자인 스텐 비첨 박사의 첫 번째 책 『엘리트 마인드』에는 일과 삶에서 탁월한 도전을 보여 주고 반드시 성공하고야 마는 세계 최고 인재들의 공통된 '마인드'에 대해 쓰여 있다. 스템 비첨 박사는 누구나 꿈꾸고 열망하는 성공이 타고난 자신의 재능이나 환경에 의해 주어지는 것이 아니라 지금 이 순간 자신이 품은 강력한 신념과 확고한 행동으로 이미 '선취'되는 것임을 위대한 인물들의 성공 사례를 통해 증명한다.

그는 진짜 성공은 부와 명성 이전에 자신의 한계치를 넘어서고 자신의 최대치를 발휘하는 것이라 강조한다. 즉 안정적인 목표에 안주하기보다 자기 분야 최고치를 향해 도전할 때 성공의 기로에 들어선다는 의미이다.

이때 실력보다 중요한 것이 신념이라고 그는 말한다. 신념이 자신의 실력을 활용하여 목표에 이르게 한다는 뜻이다.

이렇게 목표 달성을 위한 신념은 중요하고 이 신념 체계를 형성하는 데 가장 큰 영향을 미치는 것은 독서라 할 수 있다. 그러기에 독서 습관과 성공은 떼려야 뗄 수 없는 관계이다. 책을 통해 얻는 한마디 교훈은 그 신념의 핵을 형성할 수 있기 때문이다

몇 년 전 한국을 갔을 때 여의도공원으로 가족이 자전거를 타러 간 적이 있었다. 가는 길에 자살다리라 불리는 마포대교를 걷게 되었는데 거기에는 자살 충동을 느끼는 사람들의 마음을 바꾸기 위한 많은 문구가 있었다. 그 하나하나를 읽으며 다리를 걸으

면서 많은 생각이 스쳤다. 그중에는 마음에 와닿았던 여러 문구가 있었다.

많이 힘들었지?

마음을 열어 보세요 혼자가 아닙니다, 당신은.

이처럼 짧은 문구도 있었지만 생명의 전화가 있는 직전에는 이런 글도 있었다.

비밀 있어요?
아무한테도 말 못하고 혼자서 꾹꾹 담아 온 얘기 가슴 아파서, 혹은 창피해서 누구한테도 하지 못한 얘기 시원하게 한번 이야기해 봐요. 그럴 때 있잖아요. 지나가는 사람, 모르는 사람 아무나 붙잡고 막 하소연하고 싶을 때 지금 한번 해 봐요. 당신의 이야기를 잘 들어줄 거예요.
자! 당신의 이야기 한번 해 봐요.

이런 생명을 살리기 위한 문구의 영향도 있었는지 마포대교에서의 자살율은 서서히 줄어들고 있다고 하니 감사한 일이다. 이렇게 한 문장의 글은 생명을 살리기도 하는 것을 보면 글의 힘은 정말 대단하다.

이렇게 글이란 절망의 나락에서 끌어올리는 힘도 있다. 더 나아가 그 글이 한 사람의 정신세계에 집약되고 농축되어 마음의 파워를 일으키는 단계가 되어 행동을 이끌게 되면 한 인간의 삶을 평범의 수준에서 비범의 수준으로 도약하게도 한다.

좋은 양서를 읽는다는 것은 이렇게 한 사람의 정신과 행동의 변화를 가져오는 원동력이다. 역사적으로 많은 양서가 세계적인 인재를 만들어 왔다. 동서고금을 통해 세계적인 인재를 키워 온 좋은 양서는 우열을 가릴 수 없을 만큼 많다. 아무리 디지털 시대라 해도 양서의 영향력은 따라올 수 없다.

그중 아마도 가장 많은 영향력을 끼친 책을 뽑으라면 그건 두말할 필요없이 세계적인 베스트셀러인 '성경'일 것이다. 성경은 많은 인생을 변화시켜 왔고 지금도 변화시키고 있다. 역사적으로 수천 년을 내려오면서 세계적인 베스트셀러의 자리를 성경이 고수하고 있는 이유가 분명 있을 것이다.

그러므로 성경은 꼭 그리스도인이 아니라도 한 번쯤은 반드시 읽어 보아야 할 책임에 틀림없다. 다음 한재욱 목사의 글은 독서의 중요성과 아울러 세계적인 베스트셀러인 성경 읽기의 중요성에 대해 잘 설명해 주고 있는데 누구나 한 번쯤 귀기울일 만하다.

세종대왕과 이덕무, 링컨, 처칠, 빌게이츠와 오프라 윈프리 등 독서의 힘을 체험한 사람들의 이야기는 차고 넘칩니다. 하버드 경영대학

교수인 존 코터는 『빙산이 녹고 있다』(Our Iceberg is Melting)에서 이렇게 말합니다.

"오늘날 사회는 빙산의 바닥같이 안정을 주던 모든 기반이 다 녹고 있다."

그렇습니다. 이제는 빙산같이 든든했던 철가방, 철밥통이 서서히 없어지고 너무 많은 변수, 너무 변하는 시대가 되어 예전의 분석적 사고만으로는 안 됩니다. 빙산도 녹고 있는 상황에서 독서를 통해 배우는 상상력과 통찰력은 새 길을 개척하는 큰 동력이 될 수 있습니다. Leader는 reader가 되어야 합니다.

그런데 아무리 독서를 하여도 죄를 용서하는 법, 죽음과 죽음 후의 일에 대해서는 알 수 없습니다. 이렇듯 결정적으로 중요한 주제를 말할 수 있는 사람은 아무도 없기 때문입니다. 성경은 우리에게 이 모든 결정적인 주제에 대해 말해 줍니다.

최고 최상의 독서는 당연히 성경 통독입니다.

3. 농밀한 삶을 위한 기술

나는 20대 때 가을날, 낙엽이 깔린 아스팔트 보도 위를 걷는 것을 좋아했다. 바바리 깃을 올리고 낙엽을 밟으며 스산한 가을바람을 맞노라면 내 안에 파고드는 그 쓸쓸한 외로움이 달콤하기까지 했다. 젊었기에 낙엽이 더욱 운치 있게 느껴진 것이리라.

싱싱하고 파릇한 20대의 가슴에 가을의 낙엽은 낭만이 될 수 있고 아련한 그리움이 될 수 있었다.

그런데 50대 중반이 넘은 내가 바바리 깃을 올리고 낙엽진 보도 위를 걷는다면 그래서 가을 바람에 따라 보도 위를 정처 없이 뒹굴며 바스라져 가는 낙엽을 밟는다면 그래도 예전의 그 연두빛 감성이 그대로 느껴질까?

어쩜 낙엽을 보며 인생의 허무감에 가슴이 무너져 내릴지도 모를 일이다.

내게 남은 삶은 살아온 날들처럼 후회가 남지 않기 위해 더 농축된 삶을 살아 내고픈 마음이 강렬하다. 그런 내게 강민구 판사의 『인생의 밀도』라는 책 제목은 자석처럼 나를 잡아당겼다.

'아 정말 멋진 제목이다. 내가 바로 찾고 있는 삶이 '밀도 있는 삶' 아닌가!'

가슴에 탄성이 울렸다.

'밀도'란 문자적으로는 '빽빽이 들어선 정도'를 뜻한다. 물리학에서는 물질이 포함하고 있는 원자나 분자의 조밀한 정도를 뜻한다. 그렇다면 인생의 밀도란 주어진 인생의 시간을 얼마나 충실하게 채우느냐 하는 인생의 농축성을 의미한다고 볼 수 있다. 남은 삶을 의미 있게 최선을 다하는 것을 의미하는 단어이기에 내 마음을 더 강하게 사로잡았다.

그런 호기심으로 듣게 된 강민구 판사의 '혁신의 길목에 선 우리의 자세'라는 특강은 이미 두 달만에 100만 조회수를 넘긴 강의답게 명강의로 내게도 가슴 깊이 꽂혔다.

30년을 법관으로 치열하게 살아온 강민구 판사가 손바닥만 한 스마트폰을 제2의 두뇌로 활용하는 첨단 IT 기술을 직접 강연으로 선보이자 수많은 대중은 놀라면서 열광했다. 나 또한 시대를 앞서가는 60대 법조인의 열정적인 삶 앞에 감탄을 금치 못했다. 우리 국민들이 디지털 시대에 다가올 혁신적인 변화의 물결에 자신감을 가지고 대처하길 간절히 소망하는 마음으로 한 그 강연은 그야말로 그를 시대의 아이콘으로 만들어 '한국의 스티브 잡스' 또는 '스티브 강스'라는 별명을 붙여 주었다.

그리고 강민구 판사는 이 강연에 대한 해설서라고 할 수 있는 『인생의 밀도』라는 책을 선보였다. 이 책 또한 그의 혁신적인 인생철학과 발자취를 낱낱이 잘 풀어낸 수작으로 많은 이에게 농밀한 삶의 표본을 보여 주고 있다.

강 판사는 능숙한 그의 IT 기술 활용으로 이 책도 일반 집필의 3분의 1의 수고로 다섯 배, 열 배의 생산성을 발휘하여 만들었다고 한다. 그의 삶을 인터넷을 통해서 자세히 살펴보면 IT 기술의 활용이 삶의 질을 얼마만큼 밀도 있게 질적으로 향상시킬 수 있는지 놀라게 된다.

우리에게 남은 꿈의 유통 기한이 짧을수록 이렇게 유용한 IT 기술을 배워 활용하면 보다 짧은 시간에 많은 일을 집약적으로 해낼 수 있기 때문에 우리가 세워 놓은 목표를 실천해 가는 데에도 큰 도움이 될 것은 자명한 일이다.

펜으로 쓰는 원고보다 컴퓨터로 치는 원고가 빠르다. 또 컴퓨터 자판을 두드리는 원고보다 입으로 말함으로 바로 써지고 교정까지 알아서 척척 보는 프로그램을 활용하면 똑같이 책 한 권을 만들어도 시간 절약을 엄청나게 할 수 있다. 이렇듯 IT 기술은 꿈을 이루어 가고자 하는 이들에게는 정말 유용한 수단이다.

이렇게 남은 삶을 최고의 삶으로 만들기 위한 가장 필수적인 방법 중 하나인 IT 기술 활용법을 통해 나 또한 남은 인생의 시간을 보다 농밀하게 살아가야겠다는 다짐을 하게 한 귀한 강연이자 책이었다.

남은 인생의 시간을 밀도 있게 보내기 위해 IT 기술 활용법을 배우는 것 뿐만 아니라 다양한 방법으로 우리는 다각적인 면에서 밀도를 높이는 삶의 방식들을 배워 가야 한다. 시간이 한정된만큼 밀도가 농밀해야만 후회 없는 삶이 되기 때문이다.

4. 세네카의 명언

세네카의 『삶의 짧음에 대하여』에는 이런 구절이 나온다.

> 대다수 인간은 자연의 심술궂음에 분통을 터트린다. 태어나 봐야 잠깐 살다 죽는데다 우리한테 주어진 이 잠시의 시간마저도 너무 빨리, 쏜살같이 지나가 버려 몇몇 사람들을 빼고는 모두가 이제 살아갈 준비가 되었다 싶을 때 삶의 끝에 이르렀음을 발견하기 때문이다.

이 글은 눈물이 날 만큼 가슴을 저리게 한다. 나는 몇 번을 음미하며 읽고 또 읽다가 눈시울을 붉히고 말았다.

마치 오랫동안 너무나 명징한 진리를 잊고 있다가 새롭게 발견한 듯 공감의 물결이 가슴속에 밀물처럼 몰려왔다. 아니 인생을 너무나 정확히 잘 표현해 놓아 애잔한 슬픔이 쓰나미처럼 몰려온다고 해야 더 정확할 것 같다. 거부할 수 없는 인생의 분명한 민낯에 화들짝 내 영혼이 놀란 듯하다.

자연의 거대한 섭리의 톱니바퀴에 맞물려 거침없이, 중단 없이 흘러가는 인생 앞에 그 시간을 거슬러 올라갈 인간은 한 사람도 없다. 정말 시간은 빛의 속도로 달려가 버린다. 그리고 그 빛의 속도에 따라 시간 속을 경황없이 달리다 보면 어느새 세월에 떠밀려 온 우리 얼굴에는 주름이 지고 머리에는 하나 둘 흰머리가 생긴다.

젊은 날의 치기 어린 시간이 지나고 이제 제대로 인생을 살아보아야겠다고 마음을 먹었을 때 어느새 인생은 중년을 넘어 50대에 이르는 것 같다. 정신을 차리고 인생을 새롭게 정식으로 시작해보고 싶다는 느낌이 들 때 이미 인생은 종착역을 향해 달리고 있다는 어처구니 없는 사실에 경악하게 되는 것이다.

이런 인생이기에 젊은 날 계획을 세워 삶을 충실히 사는 것만큼 값진 삶은 없다. 요즘은 그런 열정적이고 성실한 젊은이들이 많다. 20대에 세계 각국을 돌아다니며 자신이 하고 싶은 일에 도전하고 많은 경험을 쌓고 꿈을 이루어 그것을 책으로 내는 젊은이들도 많다.

김수영의 『멈추지마 다시 꿈부터 써봐』, 노경원의 『늦지 않았어 지금 시작해』 등의 책을 보면 인생에 대한 계획을 세워 20대부터 치열하게 꿈을 이루기 위해 살아온 모습에 감탄이 나온다. 다시 돌아오지 않을 20대를 누구보다 치열하게 살아가는 도전의 아이콘들이 점점 늘어 가는 것은 참으로 바람직한 일이다.

50대 중반인 나로서는 이런 젊은이들의 풋풋한 꿈의 도전기를 읽다 보면 온몸의 세포마다 새로운 에너지와 활력이 흘러들어 오는 것만 같다.

그리고 다시 깨닫는 것은 지금의 내 나이는 정말 더 이상 시간 낭비를 허용해서는 안 된다는 시간의 촉박성을 절감하게 되는 것이다.

20대의 도전기, 30대의 도전기, 40대의 도전기 그리고 이 글을 쓰고 있는 50대의 도전기는 앞으로도 끊임없이 계속 나올 것이다. 어느 연령대가 가장 인생의 도전에 황금기라고 할 수 없다. 20대에 꿈에 도전하는 대신 결혼과 육아와 살림이라는 또 다른 도전들을 치뤄 냈고 그리고 그 시간 속에서 또 다른 인생의 중요한 것들을 이루어 갔다면 그 또한 의미 있는 삶이기 때문이다.

그런 시간들이 있기에 우리 다음 세대가 태어난 것이다. 또 그들이 새로운 꿈을 가지고 성장하고 꿈을 이루어 가는 것이기에 사실 개인의 꿈을 이루는 못지않게 육아와 살림도 보람된 일이다. 다만 그 가치를 사회에서 제대로 인정해 주지 않는 관습이 안타까울 뿐이다.

다만 한 가지 기억해야 할 것은 다른 인생의 과업들을 성취하기 위해 써 버린 시간 때문에 정작 꼭 이루고 싶은 꿈을 이루지 못한 안타까움이 크다면 남은 시간에 대한 더 철저한 계획이 필요하다는 것이다.

시간이 많이 남지 않았다는 촉박성이 깊을수록 그 계획은 더 치밀해야 하고 실천력은 강해야만 한다. 앞에서도 말한 것처럼 밀도 있는 삶의 계획을 실천해 가는 밀도 있는 추진력이 필요한 것이다.

제3장

1인칭 주인공 시점의 꿈

　문학에서 1인칭 작가 시점은 작품 속 주인공인 '나'가 서술자가 되어 자신의 이야기를 전개해 가는 방식이다. 반면 3인칭 전지적 작가 시점은 서술자가 전지전능한 신의 입장에서 인물의 모든 것을 서술해 가는 방식이다.

　나는 꿈에서도 1인칭 작가 시점과 3인칭 전지적 작가 시점이 있다고 생각한다. 내가 내 인생의 주인공이 되어 내가 하고 싶은 것을 삶의 목표, 즉 꿈으로 삼는 것이 1인칭 작가 시점의 꿈이라면 전지전능한 분이 내 삶의 모든 것을 그의 뜻에 따라 인도해 가면서 내 안에 심어 놓은 꿈이 3인칭 전지적 작가 시점의 꿈인 것이다.

　그런데 여러 사람의 인생 이야기를 읽어 보면 1인칭 작가 시점의 꿈과 3인칭 전지적 작가 시점의 꿈이 일치할 때 더 큰 에너지를 모아 그 꿈에 매진하고 성취감과 기쁨도 배가되는 것을 본다.

폴 손의 『청년의 시간』이란 책에는 1인칭 즈인공 시점의 꿈을 쫓다가 3인칭 전지적 작가 시점의 꿈을 찾아가는 한 젊은이의 흥미진진한 이야기가 나온다.

그는 1인칭 주인공 시점의 꿈만으로 결코 만족할 수 없었던 인물 중 하나였다. 그는 세계적인 기업, 미국의 '보잉사'에서 연봉 7만 5천 달러를 받으며 생활한 사람이다.

그 당시 그것은 남이 보기에 행복의 전형처럼 보였다. 처음에 자신도 그렇게 많은 보수를 받고 생활하는 직장인이 된다면 분명 행복할 거라고 생각하고 선택한 1인칭 주인공 시점의 꿈의 성취였다. 그러나 남들이 보기에 그리고 자신이 생각하기에 성공이라고 보여지는 그 1인칭 주인공 시점의 꿈은 그에게 온전한 만족을 주지 못했다. 그 성취의 끝에는 공허와 허무가 진하게 깔려 있음을 느끼게 된 것이다.

그러면서 그는 이 땅에 자신을 보낸 거대한 손길에 의해 주어진 어떤 분명한 다른 소명이 있을 거라 생각한다. 급기야 자신의 인생을 전체적으로 보고 있는 전능한 하나님이 계획해 놓은 소명을 찾아 그 길을 가고 싶다는 간절한 바람에 따라 미련 없이 26살 때 회사를 퇴사한다. 그 후 하나님이 주신 자신의 소명을 찾기 위해 오스 기니스의 『소명』이라는 책을 비롯 『크리스천의 삶의 목적찾기』와 관련된 책을 탐독하기 시작한다.

세상적으로는 최고의 자리에 있었지만 그의 내면에서는 진정 자신의 길을 찾지 못했다는 결핍감에 짓눌려 살았던 것이다. 그런 그가 현재 자신의 소명을 찾고 그 소명대로 '카라'(Qara)를 설립하여 젊은이들의 비전을 찾는 데 가이드 역할을 하고 있다. 그의 삶은 참으로 아름답기 그지없다.

폴 손처럼 20대에 이렇게 자신의 소명을 찾는 삶은 참으로 이상적이다. 그러나 그것이 20대에 이루어지지 않더라도 진정 자신에게 예비된 소명을 찾아가는 삶은 연령에 상관없이 아름답고 가치로운 일임에 틀림없다.

나이가 들어서까지 젊은 날에 가졌던 꿈이 변함없이 지속되는 사람이 있는가 하면 젊은 날의 꿈이 나이가 들면서 사라지고 현실 속에 매몰된 채 더 이상 꿈을 갖고 살지 않는 이들도 많다. 단지 죽기 전 노년을 평안하게 살다가 가고 싶다는 소박한 바람만 남은 사람들도 있다.

그런데 한 번 태어난 우리 인생이 어디로 와서 어디로 가고 있는지, 또 우리가 이 땅에 온 목적은 과연 무엇인지를 한 번도 생각해 보지 않은 사람은 없을 것이다. 대부분 사람들은 근원적인 이 인생의 의문 앞에서 누구나 해답을 찾고자 갈망한다.

무엇보다 지금 남 보기에는 거창하고 멋지게 보이는 어떤 일을 하고 있든, 1인칭 주인공 시점의 꿈의 성취에 간족할 수 없는 그 어떤 결핍감에 시달려 사는 사람이라면 더욱 이 고민 앞에 진지해진다. 그렇게 그 인생 해답을 찾고자 발버둥 치는 가운데 하나님을 만난 자가 참 많다. 또 하나님을 알게 되면 그분이 자신을 이 땅에 보내신 목적에 대해 궁금해 하게 되고 그 계획대로 인도함 받고자 하는 열망을 갖게 된다.

즉 3인칭 전지적 작가 시점의 꿈을 알고자 하는 열망과 함께 그것을 이루고자 하는 열정도 생기는 것이다. 그것이 한 번 태어난 인생에게 부여된 가장 가치로운 일이라 여기지기 때문이다.

생각해 보라!

내가 이 세상에 울음을 터트리고 태어나던 그 역사적 시간에 나를 이 땅에 보낸 어떤 거대한 손이 마치 지문처럼 내 심장에 이 땅에서 반드시 해야 할 역사적 사명을 새겨 놓았다면 얼마나 감격적인 일인가!

그래서 그것을 찾아 이루는 한평생의 삶이 되고, 그것을 다 이룬 후 나를 이 땅에 보낸 거대한 존재 앞에 다시 가서 내가 이 땅에서 주신 소명을 완수하고 왔노라 당당히 이야기할 수 있다면 얼마나 가슴 벅찬 일이겠는가!

1. 진정한 성공 기준

'자신이 세운 뜻이나 목적을 이룬 것'을 문자적인 의미로 성공이라고 한다. 그런데 우리는 성공 하면 떠오르는 이미지가 단순히 자신이 세운 뜻이나 목적을 이루는 것을 넘어 물질적인 것을 먼저 떠올리는 경향이 있다. 즉 사회적인 높은 지위나 명예를 갖거나 남들과 비교할 수 없는 물질적인 부를 으례 떠올린다. 세상의 성공 기준이 압도적으로 우리의 뇌리에 꽉 들어 차 있는 것이다.

이렇게 우리가 알고 있는 세상적인 성공 기준을 이룬, 그래서 남들 보기에 화려한 성공을 거둔 한 사람 이야기를 하고 싶다.

그는 한국의 불교 집안에서 태어나 중학교 3학년 때 미국으로 이민을 갔다. 미국의 중고등학교와 명문대학 UCLA을 졸업한 후 뉴욕의 한 증권 회사에 입사하여 하루 18-19시간씩 일하며 성공가도를 향해 질주했다. 그 결과 26살에 세계에서 제일 잘 나가는 증권 회사의 부사장이 되고 많은 돈을 벌게 된다. 한마디로 '아메리칸 드림'을 이룬 것이다. 신문에 기사가 나오고 사람들이 칭찬할 때마다 자신은 남보다 똑똑한 사람임을 인정하며 자만하게 된다. 겉보기에는 정말 부족함 없는 성공인이었다.

세계의 중심인 뉴욕의 증권가에서 20대에 이미 성공하여 명예와 지위와 재물을 한 손에 넣은 것이다. 그래서 쓰고 싶은 대로 마음껏 돈을 쓰고, 하고 싶은 것을 마음대로 할 수 있는 성공의 정점에 선 것이다.

내가 처음 뉴욕의 증권가를 갔을 때의 일이다. 그 거리에는 용감하게 생긴 황소의 동상이 하나 있는데 황소 동상의 생식기를 만지면 부자가 된다는 전설이 있다고 한다. 그래서 이 미신을 믿고 황소의 동상 중 생식기 부분을 사람들이 하도 간져서 그 부분만 맨들거리도록 닳아 있는 것을 보았다.

인간에게 부에 대한 갈망은 무의식적으로든, 의식적으로든 이렇게 간절한 것이다.

이토록 부에 대한 간절한 갈망을 그렇게 이루었다면 그에게는 만족과 행복감까지 따라와야 하는 게 당연하지 않은가?

우리가 자신이 꿈꾸어 온 위치까지 오르고 그만한 대가를 받고 사람들의 인정을 한 몸에 받는다면 우리는 더할 나위 없는 행복감에 젖어 살아야 한다.

그런데 이렇게 눈부신 성공의 정상에 섰지만 왠지 그는 마음껏 돈을 쓰고, 하고 싶은 것을 모두 했음에도 만족하거나 행복하지가 않았다. 급기야 마음의 공허감을 채우기 위해 마약과 술, 담배, 향락에 빠져들며 점점 몸도 마음도 병들어 가는 지경에 이른다.

그가 바로 CTS TV '미라클 아워'에 나오는 브라이언 박이다.

여기서 우리는 세상적인 화려한 성공이 개인의 만족과 결코 비례하지 않는 사실을 다시 한번 알 수 있다. 즉 우리가 꿈꾸어 온

꿈과 목적을 이룬다 해도 그것이 심적인 만족과는 별개라는 사실이다. 즉 인간은 외적인 화려한 성공만으로는 결코 만족할 수 없는 특별한 존재라는 사실을 우리는 생각해 낼 수 있다. 우리 인간 안에는 세상적인 화려한 성공만으로는 채워지지 않는 그 어떤 빈 공간이 있는 것이다. 즉 우리는 다른 어떤 세상적 조건보다 그 빈 공간이 온전히 채워져야만 만족할 수 있는 존재라는 사실을 인정하지 않을 수 없다.

번쩍이는 뉴욕의 증권가를 누비는 성공자였지만 브라이언 박의 내면에서는 '나의 존재 이유는 무엇인가, 내가 왜 살아야 하는가?' 하는 의문이 떠나지 않았던 것이다.

그러면 과연 인간이 온전한 만족을 느낄 수 있는 '진정한 성공의 새로운 기준'이 무엇인지 의구심이 들지 않을 수 없다. 이 인간의 근원적인 질문은 브라이언 박의 내면에서만 울리는 것이 아니라 누구나 갖는, 우리 인간 존재의 근원적인 화두이기 때문이다.

우리는 브라이언 박을 통해 인간은 육체적, 정신적인 충족을 넘어선 또 하나의 빈 공간이 채워져야만 만족할 수 있는 '영적 존재'임을 알게 된다. 그렇다면 진정한 성공의 정점은 다름 아닌 세상에서 말하는 사회적인 명예, 지위, 권력, 물질 등 가시적인 성취를 넘어선 영적인 충족이 채워진 상태임을 알게 된다. 즉 인간은 결국 영혼의 포만감을 누릴 때 비로소 온전히 만족하게 되는 것이다. 이렇게 충만한 영혼의 만족 상태가 진정한 성공의 정점이 아닐까 나는 생각한다.

이 사실을 모르면 브라이언 박처럼 세상의 성공 기준을 향해 질주해 가다가 그 모든 것을 성취한 후에 오게 되는 공허함을 이길 수 없어 마약, 술, 담배, 향락 등으로 자신의 돈과 정신을 오히려 파괴해 가는 사례가 너무나 많다.

여기서 우리는 "내 존재 이유와 내가 왜 살아야 하는가?"에 대한 근본적인 답을 해 줄 수 있는 궁극적인 존자에 대한 인간의 절실한 필요를 보게 된다.

우리 인간은 '절대자', 즉 이 세상 만물을 창조하시고 그 속에 우리를 만들어 이 세상에 살게 하신 하나님을 생각하지 않을 수 없다. 그리고 그 하나님이 과연 우리를 이 땅에 보낸 뜻과 목적이 무언인지에 주목하지 않을 수 없다. 즉 태생적으로 우리 각자에게는 부여된 어떤 사명이 있음을 알아야 한다.

브라이언 박은 그런 하나님을 만나면서 이전에 채워지지 않는 영적 공허함이 채워짐을 느꼈다고 한다. 그리고 그에게 부여된 사명은 자신과 동일한 고뇌로 괴로워하는 이들에게 영적 공허함을 채워 주시는 '하나님'을 전하는 것임을 발견한다. 그 후 그는 뉴욕 증권가의 화려한 세상적인 일을 내려놓고 현재 그 소명의 길을 기쁨과 만족과 감사로 걸으며 많은 이에게 도전을 주고 있다.

2. 절대자를 만남

우리나라는 2003년 이후 2016년까지 13년간 OECD(경제협력개발기구) 회원국 가운데 자살율 1위라는 불명예를 놓친 적이 없다. 2016년 이후 지금까지도 자살율은 OECD 회원국 가운데 1, 2위를 달리니 부끄럽고 안타까운 일이 아닐 수 없다. 2016년 통계자료에 따르면 우리나라에서 스스로 목숨을 끊은 사람은 1년에 13,092명으로 하루 평균 36명, 40분마다 1명씩 자살로 생을 마감하고 있다고 한다.

자살 원인은 노인 자살을 비롯 10, 20, 30대 등 젊은 층에서도 그 이유는 다양하기 그지없다. 자살 원인이 경제적이고 사회적인 이유도 많지만 그중에는 삶의 목적과 의미를 찾지 못한 허무주의의 극단적 선택도 많다.

대학생 때 〈나의 라임오렌지나무〉라는 연극을 보고 큰 감동을 받은 적이 있다. 주인공 제제가 상처를 입고 학대를 당하는 장면은 보는 내 가슴에 제제의 아픔이 속속이 파고 들게 했다. 관객인 내가 감동을 받았다는 것은 주인공 제제의 역할을 맡은 연기자의 연기가 뛰어났다는 이야기일 것이다.

이렇게 연극을 보고 있으면 연기자는 감독자의 연출에 맞게 그 역할을 최대한 잘 살려 연기해야만 한 편의 연극을 성공적으로 마칠 수 있다. 그렇게 될 때 감동받은 관객들의 박수 속에 연극의 마지막 커튼이 후회 없이 내려질 수 있다.

어쩜 인생은 한 편의 연극이나 드라마 같다는 생각이 든다.

그런데 연극의 감독과 같은, 인생의 총 감독자인 '절대자'를 만남으로 그 연극은 진정한 완성이 이룬다는 것을 모르는 사람이 많다.

부산대학교 길원평 교수 이야기는 세상의 화려한 성공에도 불구하고 절대자와의 만남이 없이는 그 인생은 얼마나 허무할 수 있는지 생생히 보여 준다. 또한, 절대자를 만나게 되면 그 허무주의는 삶에 대해 얼마나 진지한 열정과 희열로 바뀔 수 있는지를 잘 보여 준다.

그는 세상적인 화려한 이력에도 불구하고 허무주의에 빠져 자살까지 생각했던 사람이다. 한국 최고 대학인 서울대학교 물리학과와 대학원을 졸업하고 아이오와주립대학교와 캘리포니아대학교에서 물리학 박사학위를 받은 과학자이다.

그는 중학교 때부터 박사학위를 위해 공부하던 철저한 유물론자이자 허무주의자였다. 급기야 30살에는 그 허무감이 극에 달해 왜 살아야 하는지, 삶의 의미를 알 수 없어 자살하는 게 오히려 낫지 않겠는가라는 생각에 시달리고 있었다. 유물론에서 보자면 육체를 가진 인간은 죽으면 끝인데 이렇게 열심히 공부해서 성공한들 무슨 소용이 있겠는가 하는 허무감에 짓눌려 살았기 때문이다.

이 허무감이 얼마나 사람을 무력하게 만드는지 나는 안다. 나 또한 철없던 20대 대학 시절, 자살이 덧없는 인생에 가장 화려하게 종지부를 찍는 마지막 의례라고까지 생각했던 위험천만했던 사람이었기 때문이다. 극단적인 허무주의자에게는 자살이란 정말 달콤한 유혹일 수 있다.

그런 그가 성경을 통해 인간은 육적인 몸과 함께 영적인 생명인 '영혼'이 있음을 알게 되고 육적으로는 생명이 끝나도 예수님을 믿는 자는 '영혼'이 영원히 살아 천국에 간다는 사실을 알게 된다. 그리고 이 사실을 앎과 동시에 그토록 긴 허무주의에 종지부를 찍게 된다.

그 후 삶의 목적을 알지 못한 채 무조건 공부에만 매달리던 그는 확실히 다른 사람이 된다. 자신처럼 세상적인 성공 가도를 달리는 사람도 허무주의자로 살면서 자살을 꿈꾸는 자들이 많음을 알게 된 것이다. 그런 그들에게 하나님을 전하여 삶의 의미를 찾도록 도와주고 싶은 열망에 가득차게 된다. 그래서 그는 현재 하나님을 전할 뿐만 아니라 반성경적인 동성애를 비롯 하나님에 반하는 가치관에서 양산된 많은 세상적 그릇된 가치를 일깨우는 일을 하며 산다.

명석한 그가 하나님을 만나지 못했다면 그 또한 자살이라는 극단적인 선택으로 생을 마감했을 수도 있었다. 얼마나 절대자와의 만남은 인생에서 중요한 것인지 그의 삶은 명확히 대변해 주고 있다.

나 또한 하나님을 알지 못해 허무감에 짓눌러 살던 20대에 나의 우상은 '전혜린'이라는 여자였다. 뛰어난 석학으로 한국 최초로 여자로서 서울대학교 교수로 초빙된 전혜린이 삶의 허무를 견디지 못해 30살 꽃다운 나이에 자살한 것이 내게는 정말 삶의 최고의 모델처럼 느껴졌었으니 나 또한 얼마나 아슬아슬한 인생이었는지 지금 생각해도 아찔하다.

그런 내가 하나님을 알아 이렇게 하나님이 내게 주신 은사를 사용하여 내 인생 무대에서 열연하기 위해 열심히 글을 쓴다는 것은 참으로 감사한 일이 아닐 수 없다. 그러므로 누구든지 인생의 진정한 의미와 목적을 알기 위해서는 절대자를 만나는 것은 필요불가결한 일이다.

3. 꿈의 수정

절대자, 즉 하나님을 만나고 새로운 꿈을 가지고 새롭게 인생을 재출발하는 사람은 셀 수 없을 만큼 많다. 내가 대학생 때의 일이다. 대학에서 교수로 열심히 강단에서 후학에 힘쓰던 한 분이 교수직을 내려놓고 인도네시아 선교사로 가기로 헌신했다는 이야기를 듣고는 정말 아연실색했다. 아무나 될 수 없는 교수라는 그 멋진 직업을 버리고 후진국인 인도네시아에 빛도 없이, 이름도 없이 선교사로 떠난다는 것은 믿음이 없던 내게는 정말 이해가 가지 않았다.

도대체 그 무엇이 세상적으로 돋보이는 '교수'라는 직업을 내려놓고 무명의 '선교사'로 떠나게 하는가, 그 동력이 무엇일까?

나는 궁금하기 그지 없었다. 그러나 하나님을 알게 되고 영혼 구원의 중요성을 알게 되자 그 꿈의 수정이 어렵지 않음을 알게 되었다. 그는 교수라는 직업보다 선교사로서의 삶에 더 큰 인생의 목적과 의미가 있기에 당연한 결과였던 것이다. 그리고 지금까지 몇 십년이 지난 뒤에도 이곳 인도네시아에서 복음을 전하는 선교사로 멋지게 선교하며 사는 모습을 페이스북으로 본다. 많은 열매를 맺고 사는 모습이 참 멋진 인생의 롤 모델 같다.

또 피부과 의사로 많은 돈을 벌어 세상에서 하고 싶은 모든 것을 하며 살던 사람이 하나님을 알고 의사 일을 과감히 포기하고 빈민 봉사 활동을 하시는 분도 있다. 겉보기에 그의 모습은 의사로서 살 때보다 훨씬 초라하다. 그런데 그는 많은 돈을 쌓아놓고 해외로 돌며 골프를 즐기고, 하고 싶은 대로 다 하며 살던 때보다 지금이 행복하다고 말한다. 의사로서 평생 벌어 온 돈을 빈민을 돕기 위해 다 나눠 주어 돈은 없지만 빈민들을 돌보며 하루하루 기도하며 살고 있는 지금이 더할 나위 없이 기쁘다는 것이다. 평범한 사람에게는 이해가 가지 않는 일이다.

우리의 삶의 목적과 의미는 이렇게 절대자를 만남 여하에 따라 달라진다. 각자가 있는 위치에서 절대자를 만나 삶의 목적이 달라지니 그 삶의 형태도 확연히 달라지는 것이다.

우리 아들이 즐겨 듣는 가수 비와이의 노래를 가끔 함께 들을 때가 있다. 그의 노래 가사는 다른 가수와 좀 다른 느낌이 있다. 하나님을 아는 자로서 분명한 자기 정체성을 갖고 세상을 더욱 순화하고 도전적인 삶을 촉구하는 가사들이 많다. 역동적인 랩 음악에 따라 다른 가수들처럼 빠른 톤의 랩을 하며 현란한 춤을 춘다. 하지만 다른 점은 그의 랩에는 삶에 대한 긍정적이고 올바른 가치를 전하는 메시지로 꽉 차 있다.

각 노래마다 전하는 분명한 메시지가 있는데 〈나의 땅〉이라는 노래 가사는 3.1 운동의 정신을 이어받은 후손인 우리가 주어진 이 땅을 잘 지켜 가자는 강한 메시지가 담겨 있다. 애국 의식을 고취하는 한 편의 애국 드라마를 보는 감동적인 느낌이다.

나는 비와이의 춤 동작을 보며 나의 삶의 동작이 주는 메시지는 무엇인가 생각해 본다. 많은 군중과 함께 이 땅이라는 무대를 거쳐가면서 우리 각자는 삶의 동작을 통해 군중 속에 내뿜는 이미지와 메시지가 분명 있다고 생각한다.

그렇다면 어찌 내 삶의 동작에 신중하지 않을 수 있겠는가?

비와이를 보며 반성을 하게 된다.

이렇듯 인생에서 자신을 창조한 절대자를 만나는 것은 그의 삶의 동작이 주는 메시지를 분명하게 만든다.

4. 상처가 꿈으로

　난 오늘 한 권의 책을 읽어 내려가면서 감동과 함께 말할 수 없는 전율을 느낀다. 어릴 적 가슴에 심겨진 한 사람의 작은 꿈의 씨앗이 얼마나 중요한지 보여 주기 때문이다. 진흙탕 속에서 나락으로 떨어질 듯한 인생을 끌어올려 정말 아름답고 풍성한 열매를 맺게 하는 꿈의 위력에 감탄이 절로 나온다.

　『꿈을 키워 주는 사람』의 저자 웨인 코데이로는 한마디로 우리가 생각하는 불우한 환경의 전형이라 할 수 있는 가정에서 자라났다. 그는 미국의 오아후 섬의 파로로 계곡에서 유년을 보냈다. 이 섬은 하와이 동부에 있는 섬으로 주민 대부분이 저소득층이여서 탈선하는 아이들이 많았다. 즉 거리에는 폭력배들이 들끓는, 한마디로 '하층민의 소굴'이었다.
　그곳에서 저자는 한창 부모의 사랑 속에 자라야 할 일곱 살 때 부모님의 이혼으로 가정이 해체되는 아픔을 겪었다. 이혼 후 부모님은 각각 가정을 꾸려 엄마는 자식을 두 명, 아빠는 한 명을 나았다. 그래서 저자의 네 형제는 양쪽 집을 시계추처럼 왔다갔다 하는 신세로 전락하게 된다.
　그런 환경에서 마땅히 마음 붙일 곳이 없는 환경 속에서 육군 하사관인 아버지를 따라 3년간 일본에서 지내게 된다. 그런데 그곳에서 중학교 1학년이던 저자는 한 달에 한 번씩 교구 사람들과 고아원을 방문하며 봉사하는 기회를 갖게 된다. 저자는 그 봉사하는 현장에서 봉사자들을 보며 자신도 커서 그들처럼 어려운 사람을 섬겨야겠다는 꿈을 키우게 된다.

그렇게 3년을 지내다 다시 미국으로 돌아온 저자는 아버지의 뜻에 따라 캘리포니아 마운틴뷰에 있는 카톨릭 기숙사 학교인 메리놀 신학교에 입학을 하게 된다. 그런데 입학을 위해 그 학교로 가기 위해 홀로 버스를 기다리는 대합실에서 동성애자인 한 나쁜 아저씨가 아침을 사겠다는 친절한 호의를 보이며 접근해 온다.

이 유혹에 속아 그 아저씨의 아파트로 끌려가 성폭행을 당하는 처참한 일을 겪게 된다. 이 일로 정신적으로 지치고 혼란스런 가운데 입학을 하지만 어머니가 위독하다는 전갈을 받게 된다. 어머니의 임종을 보기 위해 아버지께 어머니를 토러 가기 위한 여행 경비를 부탁하지만 아버지는 그 부탁을 거절한다. 이틀 후 어머니가 돌아가셨다는 속달 우편을 받게 된 그는 자신의 삶이 나락으로 빠져드는 듯한 절망감을 느낀다. 그리고 아버지를 죽을 때까지 증오하며 살겠다고 생각한다.

또한, 무관심한 하나님께 등을 돌리겠다는 결심을 하고 2년간 마약에 탐닉하기 시작한다. 그러면서 마약을 구하기 위해 남의 지갑을 훔치는 등 온갖 비행을 저지르는 비행 청소년이 되어 방황을 한다.

결국 학교에서도 2학년을 마칠 무렵 퇴학 조치를 당한다. 아버지는 근처에 있는 공립학교로 다시 입학을 시키지만 다음 해에 거기도 자퇴를 하고 만다. 그리고 아버지와 연락을 끊고 록밴드에서 연주를 하며 세월을 보낸다.

그러나 그 마음속에는 중학교 때 봉사하는 사람들을 보며 자신도 하나님을 위해 무언가를 할 수 있으리라는 한 알의 꿈의 씨앗이 살아 있었다. 그 꿈의 씨앗은 그가 몸담고 있는 타락한 세상과 타락한 음악도 사라지게 하지 못했다.

그 꿈이 여전히 불씨처럼 타오르고 있는 가운데 그는 대학에 입학하게 된다. 그 대학에서 친구의 소개로 그는 하나님을 만나게 된다. 그렇게 다시 시작된 인생의 영적 기초 공사를 기반으로 해서 그는 유진성경학교(Eugene Bible College)에 입학한다. 그 후 지금까지 30년간 그는 복음을 통해 수많은 사람을 새로운 삶으로 변화시키는 사역을 감사히 감당하고 있다.

그는 자신의 마음에 꿈의 씨앗을 뿌려 두시고 절망의 구렁텅이 속에서도 그 꿈의 씨앗이 소멸되지 않게 잡아 주시고 결국 꿈을 잉태케 하신 하나님을 기억한다. 그리고 그 꿈을 통해 이제는 자신처럼 불우하고 소망을 잃은 사람들에게 새로운 소망을 갖게 한다. 이런 자신의 현재의 삶을 보며 하나님이 주신 꿈이 얼마나 놀라운 위력을 갖고 있는지 확인하며 두려움에 떨 정도라고 한다.

하나님의 꿈은 하와이 작은 섬에서 태어나 고아처럼 떠돌며 죽음의 언저리를 오가던 내게 등대가 되어 주었다. 불안정한 청소년기를 지날 때도 내 손을 잡아 그분 안에 안착하도록 이끌어 주었으며 말로 형용할 수 없는 놀라운 일들을 이루게 해 주었다. 하나님이 인도하시는 이 여정은 지금도 계속되고 있다.

저자의 이 감동적인 고백은 얼마나 가슴을 울리는가!

하나님을 만나게 되면 인간이 가진 상처는 짙으면 짙을수록 오히려 찬란한 꿈으로 발전할 수 있다. 그리고 그 상처는 동일한 아픔을 가진 자를 보듬고 치료하는 보약이 되는 것을 알 수 있다.

이 얼마나 역설적인 기적인가!

오직 하나님 안에서만 이것이 가능해진다. 그러므로 하나님을 만나는 것은 인간이 꿈을 실현해 가는 데 없어서는 안 될 가장 중요한 통과 의례인 것이다!

제4장

매년 꿈의 벽돌을 쌓아라

당신은 밤새 죽은 듯 자던 육체가 아침에 깨어나 새 날을 맞을 때의 기분은 어떠한가?

어스름 새벽빛이 창가에 여운처럼 남겨져 있고 서늘한 새벽 공기가 피부에 와닿을 때 그 신선함에 몸을 떨어 본 적이 있는가?

어디선가 청명한 새의 지저귐이라도 들리면 건강하게 아무 일 없이 새 날을 새롭게 시작하게 된다는 설레임에 진실로 감사한 적이 있는가?

아니면 마치 빳빳한 새 봉투에 세뱃돈을 받듯 그렇게 매일, 새로운 날들을 선물로 받지만 어떤 감흥도 없이 하루를 마치 쓰레기통에 휴지를 구겨 버리듯 원망, 불평으로 시간을 구겨 버리고 살지는 않는가?

혹은 매일이 새로운 창조의 시간이 될 수 있음에도 아무 결실도 남기지 못하는 소모적인 시간으로 하루하루를 허비하지는 않는가?

그렇게 하루가 가고 한 달이 가고 1년이 가고 나이가 들어 정해진 운명처럼 죽음을 맞고 이 지구상에 흔적도 없이 사라져 갈 수 있는 게 인생이다. 그러나 하나님이 우리를 이 땅에 보내실 때 우리를 향한 구체적인 계획과 사명을 주셨다면 우리가 그렇게 소모적으로 인생을 탕진하고 이 지구상을 떠난다면 그것처럼 안타까운 일은 없다.

그러므로 우리는 '나를 이 땅에 보내신 전능자의 목적'을 찾기 위해서라도 하나님을 정말 알아 가기 위해 힘써야 한다. 후회 없는 삶을 살기 위해 그가 내 안에 심겨 준 소명을 찾아가도록 노력하는 것은 우리가 마땅히 해야 할 바다. 또한, 우리는 그 소명을 이루기 위해 최선을 다해야 하는 것이 마땅한 의무이다.

그리고 이 마땅한 의무를 완수하기 위해 매년 목표를 구체적으로 세우는 것은 절대적으로 필요불가결한 일이다.

오늘 아침에는 호주에 계신 분께 상담 전화 한 통을 받았다. 대체 의약품 사업을 하다 보니 갖가지 생명이 위험한 상황에 있는 분들의 상담도 종종하게 된다. 이분은 인도네시아에서 건강한 몸으로 음식점을 운영하다 호주로 가신 분인데 갑자기 뇌출혈로 쓰러졌다고 한다. 깨어나 보니 병원 중환자실에서 3주만에 깨어난 것을 알게 되었다고 한다. 뇌출혈에 좋은 제품이 있느냐고 문의하셔서 적절한 제품을 권유해 드렸다. 이분은 올해 60세이다. 나 또한 몇 년을 더 살면 이분의 연령대와 비슷하게 될 것이기에 남의 일 같지 않았다.

  이 상담 전화를 받으며 지금 건강한 몸으로 오늘을 살고 있다는 사실이 얼마나 감사한지 다시 한번 가슴 깊이 느끼게 된다.
  건강한 몸으로 아무 일 없이 사무실에 앉아 일을 하고 글을 쓰면서도 감사해 할 줄 모른다면 얼마나 강퍅한 일인가!

  그러므로 매일 순간마다 감사하며 최대한 활용하여 창조적인 시간으로 만들어 가는 데 힘쓰리라 다시 다짐을 한다.
  그렇게 알찬 하루하루가 모일 때 알토란 같은 1년이 되고 그 1년이 모여 나의 인생이 되는 것이 아닌가!
  아무리 인생의 큰 그림을 가졌다 해도 그 큰 그림을 결코 단기간에 완성하는 것은 불가능하다. 그것을 알기에 나 또한 '1년에 책 한 권 쓰기'라는 목표를 위해 이렇게 하루에 조금이라도 원고를 쓰려고 노력하는 것이다. 그러다 보면 그 원고가 쌓여 한 권의 책이 되는 것이다. '아무리 큰 일도 한걸음부터!'라는 명제는 언제나 진리이다.

1. 목표를 이루어야만 하는 이유를 생각하자

청소년기에 누구나 한번쯤 읽어 보았을 리처드 바크의 『갈매기 꿈』은 어른이 되어서 또 읽어도 감동이 된다. 나는 이 책을 다시 읽으면서 왜 독자들이 이 책에 빠져들게 될까 생각해 보았다.

『갈매기 꿈』의 주인공 갈매기 조나단 리빙스턴은 단지 먹이를 얻기 위해 날던 다른 갈매기와는 다른 꿈이 있었다. 그에게는 '보다 더 높게 그리고 보다 더 멀리' 날 수 있는 그런 날이 오기를 갈망하는 꿈이 있었기에 끝없이 비행 연습을 했다.

한가로이 해변을 낮게 날며 먹이를 주워 먹는 것으로 만족하는 다른 갈매기의 눈에는 이해할 수 없는 모습이었다. 온갖 질타와 눈총을 받으며 왕따가 된 조나단은 결국 무리에서 추방되어 홀로 거친 절벽에서 비행 연습에만 몰두하게 된다.

그러나 홀로 힘겨운 비행 연습에 몰두하지만 뜻대로 되지 않는 비행 때문에 거듭되는 추락을 반복한다. 그 속에서 원하는 높이로, 원하는 만큼 멀리 날지 못하는 자신의 한계 때문에 끝없는 좌절감이 몰려왔다. 하지만 꿈이 있었던 조나단은 결코 포기하지 않고 비행 연습을 하게 된다. 그렇게 포기치 않는 조나단의 불굴의 노력은 그가 그토록 멀리 높이 날기 원했던 꿈만큼 파란 하늘을 무대 삼아 멋지게 날아오르는 경지까지 이르게 한다.

파란 하늘을 배경으로 두 날개를 활짝 펴고 맘껏 날아오르는 조나단에게 파란 하늘은 이제 멋진 꿈의 실현장이 된 것이다.

만일 조나단도 다른 평범한 갈매기처럼 꿈이 없이 매일 먹이를 쫓는 것으로 만족한 생을 살았다면 결코 맛볼 수 없는 멋진 비행의 스릴과 환희를 맛보았던 것이다!!!

마침내 꿈의 실현장인 그 파란 하늘가에서 만난 스승은 조나단에게 다음과 같이 일러 준다. 이 말 때문에 『갈매기의 꿈』은 마지막이 의미심장하게 마무리되는 것 같다.

    높이 나는 새가 멀리본다!

얼마나 가슴 뭉클한 문장인가!
높이 날기를 갈망했기에 그는 그 꿈을 이루었고 그 꿈을 이룸으로 남보다 멀리 볼 수 있는 시야도 갖게 된 것이다. 그래서 그는 다른 갈매기들이 결코 볼 수 없는 것을 보고 느꼈을 것이다.
그만큼 삶의 지평이 확장된 것이다!!!
세상에 태어난 우리 모두의 가슴에는 조나단처럼 평범을 넘어선 그 무엇을 추구하는 꿈이 젊은 날에 있었다.
그래서 젊은 날 그 꿈을 이루기 위해 쉼없이 날개를 퍼득이며 세상 속에서 멀리 높이 날아오르기 위해 얼마나 노력했는가!
그러다 그 꿈이 이루어지지 않을 때의 그 참담한 좌절감은 또 얼마나 시린 아픔이었는가!

그래서 결국 아쉬움을 가슴에 품고 꿈을 포기한 채 살아가는 인생도 또 얼마나 많은가!

사실 꿈보다 먹고 사는 것에 바빠 우리는 나이가 들어갈수록 '꿈은 말 그대로 아득한 꿈'으로 남게 되는 경우가 허다하다. 그러나 그 꿈을 조나단처럼 어떤 상황 가운데에서든 포기하지 않겠다고 죽음이 오는 그 순간까지 결심한다면 상황에 상관없이 꿈을 위한 퍼득임을 중단하지 않을 것이다.

우리 각자가 세워 놓은 목표를 이루어야 하는 이유, 즉 꿈을 반드시 이루겠다는 그 결심은 그래서 중요하다.

그리고 그 꿈을 이룸으로써 꿈의 실현을 통한 환희를 맛봄과 동시에, 내가 꿈을 이룸으로 인해 주위에 어떤 형태로든 긍정적인 영향을 미칠 수 있다면 얼마나 아름다운 삶인가!

매일 스스로에게 자신이 세워 놓은 목표를 반드시 이루어야 하는 이유를 끝없이 인지시키는 것은 그래서 중요하다. 꿈을 이루어 가는 하나의 디딤돌인 목표들을 하나하나 이루어 가기 위해서는 끝없는 자신에 대한 격려가 필요하다. 그것은 수시로 쓰러지는 자신을 또 다시 단호히 일으켜 세우는 강한 의지가 될 것이다.

아이들이 즐겨 읽는 책 『마당을 나온 암탉』의 주인공 '잎싹'에게도 양계장에서 먹이를 배불리 받아먹는 것으로 족하게 여겼던 다른 암탉들과는 다른 꿈이 있었다. 한가로이 안전한 앞마당을 오가며 모이를 쪼아 먹는 그 일상보다 잎싹은 '알을 스스로 품어 생명을 낳아 길러 보고픈 꿈'이 있었다. 그래서 잎싹은 양계장과 안전한 마당의 중앙을 벗어나 찬바람이 부는 변두리의 땅을 보금자리로 삼고 살기 시작했고 그 꿈대로 오리알을 품어 생명을 잉태하는 기쁨을 맛보게 된다.

잎싹의 삶을 통해서도 우리 가슴에 품은 꿈의 알이 우리 삶의 방식을 좌우한다는 것을 다시 한번 알 수 있다. 꿈을 품은 자는 편안하게 안주하는 자리를 박차고 일어나 모진 풍파가 몰아치는 삶도 마다하지 않고 도전하는 꿋꿋한 야성을 지니게 된다. 그것이 비록 육체적으로, 정신적으로 고달픔과 시련을 동반한다 해도 끝까지 견디고 이기며 꿈의 알을 부화시키는 환희를 결국 맛보게 되는 것이다.

이 얼마나 가치 있는 삶인가!

나는 딸아이가 대학생 때 디자인 공부를 하는 모습을 지켜 보면서 이런 글을 쓴 적이 있다. 자카르타의 한 잡지에 발표한 적이 있는데 때로 나 스스로 낙심이 될 때 다시 한번씩 읽곤 한다. 그 일부만 살짝 옮겨 본다.

날개

디자인을 전공하는 딸 때문에 나는 디자인 공모전 준비나 작품을 만드는 것을 종종 볼 수 있다. 때로는 몇 개월 또는 몇 주일을 하나의 컨셉을 완성하기 위해 밤낮없이 고군분투하는 모습은 마치 높은 산의 고지를 점령하는 것처럼 힘겨워 보인다. 그렇게 온 땀과 정성을 다해 완성된 작품이 좋은 상을 받거나 교수로부터 좋은 평가를 받으면 보상처럼 기쁨이 말할 수 없지만 탈락되거나 교수의 혹평을 받기라도 하면 또 얼마나 낙심을 하는지 모른다.

나도 젊은 시절, 열병처럼 문학 작품 공모에 목숨을 걸듯 도전했던 시간이 있었다. 그래서 당선의 기쁨과 탈락의 고배의 맛을 누구보다 잘 알기에 늘 딸아이와 동병상련을 앓듯 희노애락을 함께 나눌 수 있다.

어찌 디자인과 문학 세계만의 이야기이겠는가!

사업이든 스포츠든 연예계든 정치계든 모든 방면에서 사람들은 꿈의 날개를 퍼득이기 위해 끊임없이 도전한다. 그러나 도전하는 자 중 단번에 손쉽게 날개를 활짝 펴고 하늘을 독수리처럼 비상하는 사람은 많지 않다. 날아오르려는 날개짓이 어설퍼 퍼득이다 추락하기도 한다. 그래서 나는 딸아이가 낙심을 할 때마다 이야기하곤 한다.

"그렇게 수없이 꿈의 날개를 펴고 날개짓을 하는 게 인생이야. 그러다 실패하면 때로 날개가 꺾인 듯 아프기도 하고 더 이상 날개를 펴고 하늘을 날 수 없을 만큼 의기소침해지기도 하지.
그러나 언제나 기억할 것은 여전히 네게는 날개가 있다는 거야.
그래서 언젠가는 그 날개로 하늘을 비상할 수 있을 거라는 걸 믿고
감사하며 때를 기다리는 거야. 그러면 수없이 아픈 날갯짓을 하면서
생긴 내공이 실력과 근력이 되어 언젠가는 보란 듯 창공으로 멋지게
날아오를 수가 있지!"

2. 1년 시한부 인생이라면

올해 새해를 맞기 며칠 전, 은행에서 받아 온 달력을 펴다가 다음과 같은 감동이 일었다.

달력

아직 잉크 냄새를 머금은 새 달력을 받으면 왠지 마음에 신선함이 묻어 온다. 빛바랜 묵은 해가 등을 돌리던 며칠 전, 은행에 갔더니 앙증맞게 생긴 달력을 준다.
이 달력은 1월 1일부터 12월 마지막 날까지 날짜 하나하나가 어른 손바닥만 한 네모 크기에 선굵은 숫자로 써 있어 날짜가 지남에 따라 매일 한 장씩을 뜯어내게 되어 있다. 즉, 엄밀히 말하면 월력(月

曆)이 아닌 일력(日曆)인 셈이다.

그것을 사무실 내 책상 한 켠에 올려놓으니 1년 365일 날짜가 모두 종이에 인쇄된 거라 두께가 제법 두툼하고 무게감도 있다.

그런데 그 달력을 막상 1월 1일이 쓰인 첫 장을 뜯어내자 마음에 갑자기 뭔가 뭉클한 감흥이 일렁였다. 지금부터 1년 동안 매일 한 장씩 아침마다 이걸 뜯어내다 보면 이 두터운 두께는 서서히 줄어들어, 갈수록 얇아져 갈 것이다. 그렇게 지나다 어느 날 보면 반으로 쑥 줄어 있을 것이다. 또 어느 날은 문득 마지막 한 장이 남았다는 걸 알고 놀랄 것이고 아쉽게 그 마지막 장을 뜯게 될 것이다. 그런 생각을 하다 보니 마치 한 장을 뜯어내는 게 내 생의 나날들을 하루씩 단축해 간다는 느낌이 들어 뭔가 가슴언저리가 싸하다.

만일 1년치의 날짜가 아니고 나의 남은 생의 날수를 누군가 정확히 알아 남은 날수만큼만 인쇄한 일력을 이렇게 만들어 나에게 주었다면 어땠을까?

그리고 그 일력을 내 책상에 올려놓아 매일매일 한 장씩 그것을 뜯어내도록 한다면 나는 과연 그 한 장 한 장을 무심히 뜯어낼 수 있을까?

한 장을 뜯어낼 때마다 남은 일수가 또 줄었다는, 그래서 두께가 또 얇아졌다는 생각에 가슴이 졸아들지 않을까?

남은 장수를 자주 세어 보면서 하루하루에 대한 살뜰한 애정에 눈물이 나지 않을까?

줄어드는 장수를 보면서 한 장 아니 반 장일지라도 결코 덧붙일 수 없음에 가슴 떨리는 안타까움이 들지 않을까?

한 장을 뜯어낼 때마다 시한부 인생의 종말을 맞듯 온 몸이 바르르 떨리지 않을까?

말로 표현할 수 없는 온갖 상념이 마음 안에 오색 빛으로 오로라를 드리운다.

나의 남은 생의 날수를 나는 알 수 없지만, 그 날수를 정확히 아시는 하나님은 오늘도 내 생의 날을 하루씩 카운트다운 하고 계시다는 사실이 새삼 느껴지는 것이다.

무료로 받는 새 달력처럼 새해마다 새 날수로 꽉 채워진 1년을 선사하시기에 마치 그것이 매년 반복되는 연례행사처럼 당연시 느껴질 수 있다. 그러나 나는 매년 새해를 선물 받을수록 더 받을 '새해'는 확실히 줄어 가고 있다. 마치 내 책상 위에 놓인 앙증맞은 일력처럼 남은 날들이 얇아져 간다는 것이 뭐라 표현할 수 없는 현란한 감정에 나를 빠트린다.

그러기에 한 날 한 날을 마지막 일력이 한 장 남은 것처럼, 후회와 미련이 없도록 매일 온 몸과 마음을 하나님 뜻대로 알차게 사용하여 성실히 살아가야 함이 이번 새해에는 더 가슴 절절히 느껴진다.

만일 새해 아침을 맞았음에도 어떤 설레임도 감흥도 없다면 이렇게 한번 상상해 보자.

내가 어느 날 갑자기 의사에게서 "당신은 딱 1년 정도밖에 살 수 없습니다"라고 1년 시한부 선고를 받은 채로 새해를 맞는다면 어떨까 생각해 보는 것이다. 물론 유쾌한 상상은 아니지만 이 유쾌하지 않은 상상은 의외로 우리 자신을 일깨우는 좋은 기회가 될 수 있다.

살다 보면 안타까운 소식을 들을 때가 많다. 많은 안타까운 일이 있지만 예전에 지인의 자녀가 20대 후반인데 백혈병으로 힘들게 투병하다가 하늘나라로 간 소식을 들었다. 얼마나 예쁘고 재능도 많은 아가씨인지 아깝기 그지없어 며칠간 마음이 몹시도 아팠다. 그런 순간에 다시 한번 느끼는 것은 사람이 언제 하늘나라에 가는지는 정말 하나님 외에 아무도 모른다는 사실이다. 내가 20대라고, 내가 30대라고 나는 아직 많은 나날이 남은 인생이라고 장담할 수 없다는 사실이다.

그러므로 내 나이가 얼마이든 우리는 하루하루를 정말 보물처럼 살뜰히 아끼며 살아야 할 운명인 것이다.

몇 년 전 6개월 시한부 판정을 받고 22개월을 살다가 간, 두 아이 엄마가 마지막으로 쓴 글이 많은 이의 눈물샘을 자극한 적이 있었다. 36세에 대장암 4기 진단을 받고 대장과 간의 종양을 제거하기 위해 두 번의 수술과 25차례 방사선 치료, 39번의 끔찍한

화학요법 치료도 견뎌 냈지만 암세포는 그녀를 놓아주지 않았다. 그녀는 블로그에 다음과 같은 글을 남기고 사랑스런 두 아이 곁을 떠나 하늘나라로 떠났다.

> 살고 싶은 날이 저리도 많은데 저한테는 허락하지 않네요. 내 아들 커 가는 모습도 보고 싶고 남편에게 못된 마누라 되면서 늙어 보고 싶은데 그런 시간을 안 주네요. 살아 보니 그렇더라구요.
> 매일 아침 아이들에게 일어나라고 서두르라고 이 닦으라고 소리지르던 나날이 행복이었더라구요.
> 장례식 문제를 미리 처리해 놓고 나니 매일 아침 일어나 새끼들을 껴안아 주고 뽀뽀해 줄 수 있다는 게 새삼 너무 감사하다는 게 느껴졌어요. 이제 얼마 후면 나는 그이 곁에서 잠을 깨는 즐거움을 잃게 될 것이고 그이는 무심코 커피 두 잔을 꺼냈다가 커피는 한 잔만 타도 된다는 사실에 슬퍼하겠지요.
> 딸아이 머리를 땋아 줬야 하는데 아들녀석 레고 한 조각이 어디에 굴러 들어갔는지 저만 아는데 누가 찾아 줄까요?
>
> 6개월 시한부 판정을 받고 22개월을 살았습니다. 그렇게 1년을 보너스로 받은 덕에 아들 초등학교 입학 첫날 학교에 데려다 주는 기쁨을 품고 갈 수 있게 되었습니다.
> 녀석의 첫 번째 흔들리는 이빨이 빠져 그 기념으로 자전거를 사 주러 갔을 때는 정말 행복했어요. 보너스로 1년 덕분에 30대 중반이

아니라 후반까지 살고 가네요.

중년의 복부 비만이요?

늘어나는 허리 둘레 그거 한번 가져 봤으면 좋겠습니다.

희어지는 머리카락이요?

그거 한번 뽑아 보았으면 좋겠습니다. 그만큼 살아남는다는 이야기잖아요. 저는 한번 늙어 보고 싶어요.

부디 삶을 즐기면서 사세요. 두 손으로 삶을 꽉 붙드세요. 여러분이 부럽습니다. 제가 살아 있다는 게 너무 행복하니요.

이 글은 늘어나는 뱃살이나 희어져 가는 머리카락에 대한 푸념조차도 살아 있는 자만 누릴 수 있는 호사임을 다시 한번 느끼게 하지 않는가!

이렇게 삶은 소중하고 절실하고 진지한 것이다.

그러므로 우리는 새해가 오면 "내가 만일 1년의 시한부 인생이라면 남은 1년을 어떻게 살 것인가?"라고 스스로에게 물으며 1년의 계획을 정말 진지하게 세워 볼 필요가 있다.

남은 1년간 꼭 하고 싶은 일을 일정표에 넣고 그 일을 이루기 위한 구체적인 계획을 세우는 것이다. 그렇게 매년 1년마다 토막쳐 정말 열심히 최선을 다해 산다면 어느 날 갑자기 우리의 마지막이 온다 해도 후회가 없을 것이다.

사실 우리 모든 인간은 정확한 남은 시간을 알지 못할 뿐 넓게 보면 남겨진 시간이 한정적으로 정해진 숙명적인 시한부 인생인 셈이다.

그러므로 어찌 지구상에서 머물 수 있는 특권의 시간을 함부로 낭비할 수 있겠는가!

3. 꿈의 원점으로 돌아가 보자

미우라 아야꼬의 『길은 여기에』란 책을 이곳 자카르타에서 정말 오랜만에 다시 보게 되었다. 내가 이 책을 뒤적이며 느끼는 마음은 그 누구와도 다르다. 이 책은 가슴에 태양처럼 뜨거운 창작의 열정이 그야말로 활활타오르던 20대의 내게 크리스천 작가라는 새 지평을 꿈꾸게 한 책이기 때문이다.

나는 사실 처음에는 미우라 아야꼬의 블랙커피처럼 진한 허무주의적 인생관에 환호했다. 그래서 그녀가 젊은 날 열병처럼 호흡하던 허무주의적 탄식들이 마치 내 호흡처럼 느껴졌었다. 그리고 그녀의 불행의 연속 같은 삶의 질곡도 왠지 내게는 낭만적으로까지 보이기도 했다. 울퉁불퉁한 산맥같이 거친 그녀의 삶을 잠시 다시 살펴보고 싶어진다.

그녀는 대제국주의 일본의 초등교사로 일하던 중, 태평양 전쟁에서 일본이 패전하게 되자 교직에서 학생들에게 미국의 지시에 의해 지금까지 잘 가르쳐 오던 국정 교과서의 곳곳을 삭제하도록 시키게 된다. 그러면서 교사로서의 삶에 깊은 회의를 느껴 교직을 떠나게 된다.

그리고 정신적인 고뇌탓인지 발병한 폐결핵과 이어 척추카리에스로 인해 13년간 투병 생활을 하게 된다. 이즈음 결핵으로 요양 중인 소꿉친구 마에가와 다다시의 깊은 애정과 인간성에 감화되어 기독교를 알게 되고 병상에서 세례를 받는다. 그런데 이 마에가와 다다시와 약혼을 하고 약혼자의 함을 받던 날 그녀는 빈혈로 쓰러지는 기구한 운명의 굴곡 속에 놓이게 된다.

허무주의가 가슴에 꽉 찼었던 20대의 내게 그녀의 이렇게 기구한 운명마저 커피 향처럼 끌어당기는 그 무엇이 있었다. 그 후 그녀는 허무주의를 이기지 못해 자살을 시도하게 되는데 당시 대학에 입학했지만 그 어느 곳에서도 삶의 의미를 찾을 수 없었던 내게 미우라 아야꼬의 이 자살 시도 사건도 참으로 동감을 느끼게 하는 모습이었다. 거친 삶의 광풍 속에서 한 가닥 남은 삶의 소망 줄을 놓으면 그것으로 끝이라는 그 극단의 허무주의가 내 가슴에도 동일한 빛깔로 너울거리고 있었기 때문이다.

즉, 그녀의 삶에 나는 동병상련의 아픔을 절절히 느꼈던 것이다!

그리고 그렇게 정신적으로 방황하던 그녀가 투병 생활을 시작하면서 자신에게 하나님의 사랑을 그토록 전해 주고자 애썼던 약혼자가 병으로 먼저 세상을 떠나는 장면에서도 나는 막막한 슬픔으로 빠져들었다.

그 후 하나님의 정확한 예비하심일까?

세상을 떠난 약혼자와 너무나 흡사한 외모와 신앙을 가진 새 인물 마우라 미쓰요가 나타나고 미우라 아야꼬는 그에게 빠져들게 된다. 그와의 사랑이 시간이 흘러 결실을 맺어 둘은 결혼하게 되는데 그 후부터 미우라 아야꼬의 집필 활동은 서서히 시작된다. 그 후 아사히카와 시내에서 작은 잡화상을 하면서 틈틈히 글을 쓰던 그녀는 1964년 7월 「아사히 신문」 1천만 엔 현상 소설 공모에 『빙점』이 당선되면서 일약 세계적인 크리스천 작가로 알려지게 된다. 1천만 엔은 한화로 약 1억 원에 가까운 금액이다.

『길은 여기에』는 극단적인 허무주의 속에 방황하던 그녀의 영혼이 하나님을 알아 가면서 어떻게 삶의 의미를 알게 되고 소망적인 인생관을 갖게 됐는지의 여정이 자기 고백적인 담담한 필치로 담겨 있다.

미우라 아야꼬는 허무의 끝을 가 보았기에 하나님 안에서의 소망과 삶의 의미가 얼마나 보석처럼 빛나는지 뼛속 깊이 안다. 그래서 하나님이 주신 '소망'이라는 보석에 이끌려 살게 되면 삶이 어떻게 빛나는 광채를 갖게 되는지 그녀의 책은 실제적으로 보여주고 있다.

그녀는 그 후 『양치는 언덕』, 『사랑하며 믿으며』, 『이 질그릇에도』 등등 77세까지 주옥 같은 책으로 세계의 수많은 방황하는 이에게 삶의 소망과 지표인 하나님을 전했다. 그리고 그녀의 책을 통해 수많은 사람이 영혼의 깊은 방황과 허무주의에 종지부를 찍고 자살 대신 삶의 소망을 부여잡고 승리하는 삶을 살게 되었다.

그녀의 삶을 알게 되면서 미우라 아야꼬는 내게 부동의 롤 모델이 되었던 것이다.

정말 오랜만에 다시 펼쳐 보는 『길은 여기에』는 내 영혼을 대학생 때의 그 풋풋한 꿈으로 안내하면서 또 다른 집필 의욕을 새롭게 일으켰다.

내가 『길은 여기에』라는 책을 매개로 다시 한번 20대의 꿈틀거리는 꿈의 열정을 가슴에 불러올 수 있듯 우리가 잃어버린 꿈으로 안타까움이 밀려올 때는 꿈의 원점으로 돌아가게 할 수 있는 매개물을 접하는 것은 참으로 의미 있는 일이라 생각된다.

만일 초등학교 때 꾼 꿈을 아직도 버리지 못하고 늘 미련이 남아 가슴앓이를 한다면, 그래서 다시 한번 그 꿈을 이루고자 하는 강한 열정을 회복하고 싶다면, 오랫동안 가 보지 않았던 그 초등학교 건물을 한번 찾아가 보는 것도 좋으리라. 교정에 버티고 있는 오래된 고목나무와 여전히 바람이 불며 흙먼지가 날리는 운동장이 있다면 그 운동장을 천천히 걸어 보라. 자신의 가슴 안에 꿈의 씨앗이 바람을 타고 다시 가슴에 날라와 앉을 수도 있다.

머리에 흰머리가 하나 둘 보이는 중년의 나이이면 어떠랴.

그 운동장을 거닐며 오랜 향수에 젖어 보면서 초등학생의 마음으로 꿈의 씨앗을 다시 되새겨 보는 건 얼마나 아름다운가!

꿈의 원점으로 다시 돌아가게 하는 매개물이 어떤 물건이든, 장소든, 사람이든 그건 상관이 없다. 다시 그 원점에서 그토록 간절히 원했던 꿈을 현재까지 이루지 못했던 원인은 무엇인지, 다시 그 꿈을 이루기 위해 시작하려면 어떻게 해야 하는지를 곰곰히 생각해 보면 그것으로 충분하다.

4. 원하는 것을 얻으려면 미쳐야 한다

나는 '세바시'(세상을 바꾸는 시간) 강연 듣는 것을 좋아한다. 각 연사들마다 자신의 성공담과 경험담을 통해 전해 주는 삶의 엑기스 같은 교훈을 얻을 수 있기 때문이다.

그중 오늘은 현재 할리우드 미술 총감독을 맡고 있는 한유정 감독의 강연 '원하는 것을 얻으려면 미쳐야 한다'는 제목이 가슴에 화살처럼 꽂힌다. 그녀는 벤 스텔러, 스탠리(스파이더맨, 엑스맨 등 창시자), 제임스 코번, 제프 골드블룸('쥬라기 공원'에 나온 배우) 등 등 세계적으로 유명한 감독과 배우들과 어깨를 나란히 하고 할리우드에서 일하는 무대 디자이너이다.

그녀는 강연에서 우리 인간의 가슴에는 무언가에 미치고자 하는 열정이 숨어 있다고 말한다. 사랑하는 남자가 애인에게 미치지 않고는 먼 거리를 마다하지 않고 배웅하고 그녀를 위해서라면 갖은 희생을 마다하지 않는 것, 게임을 좋아하여 빠지게 되면 중독될 만큼 빠져드는 것, 축구를 좋아하는 사람은 자나 깨나 축구를 하러 다니는 것 등등 모두가 미쳐야 가능한 일인 것이다. 그 인간 안의 열정의 DNA를 자신이 좋아하는 일에 긍정적으로 발산할 때 그는 성공할 수 있게 되고 꿈을 이룰 수밖에 없다고 열강한다.

한유정 감독은 자신의 이야기를 강연에서 다음과 같이 잠잠히 들려준다. 자신이 현재의 할리우드 미술 총감독이 될 수 있었던 것은 중학교 때 친구의 성악 레슨에 따라 간 것이 시발점이 되었다고 한다. 거기서 그 성악 선생님이 꿈에 대해 물었고 미술을 좋아한다고 하자 '미술을 좋아한다면 무대 디자이너 한번 되어 봐라"라고 한 말을 들었단다. 그 순간 '무대 디자이너'라는 이름의 직업에 마음이 꽂혀 자신의 일생을 무대 디자이너로 살기로 무작정 결심하게 된다.

그 후 미국은 무대 디자인이 가장 발달된 나라라는 것을 알고 미국 유학을 결심한다. 그러나 가정 형편이 어려운 그에게 부모는 학비를 대주기가 어렵다는 통보를 그가 미국에 도착한 지 얼마 되지 않아 전한다.

그러나 그녀는 무대 디자이너라는 자신의 꿈을 이루겠다는 결심을 버릴 수 없어 학교에서 할 수 있는 갖가지 아르바이트를 하며 꿈을 향해 질주한다. 학교뿐 아니라 외부에서 할 수 있는 일도 마다하지 않고 살아남기 위해 불철주야 뛰게 된다. 그 후 우연한 기회에 할리우드에서 상영되는 영화의 무대 디자인을 한번 맡게 되는데 거기에 최선을 다하자 그 다음부터 여러 가지 무대 디자인 일거리가 주어진다. 그리고 그 일들을 철저히 하다 보니 지금의 성공의 자리에 있게 되었다고 한다.

그러면서 자신의 성공은 자기가 하고 싶은 무대 디자인이라는 일에 미쳤기에 누구도, 어떤 난관도 가로막을 수 없었고 지금까지 달려올 수 있었다는 것이다.

우리가 어릴 적 또는 학창 시절 꾸었던 꿈이 빛을 잃고 우리 가슴에서 사라지는 이유는 예전의 활화산 같은 열정을 잃었기 때문이 대부분이다. 지금 나이가 얼마이든 지금의 상황이 어떠하든 그 일에 다시 미친 마음을 회복할 수 있고 그 열정으로 다시 시작할 수 있다면 결코 우리 인생에 꿈을 이루기에 늦은 시간은 없다.

제5장

절차와 실천 과정을 기록해 가라

> 인생의 목적은 사랑받는 사람이 되는 것이 아니라 자기 자신이 되는 거란다. 너에게는 너만이 완성할 수 있는 삶의 목적이 있고 그것은 네 사랑으로 채워져야 할 것이지 누군가의 사랑으로 채워질 수 있는 것이 아니야.
>
> — 무라카미 하루키

무라카미 하루키의 이 글처럼 우리 각자에게는 하나님이 이 땅에 우리를 보내실 때 계획해 놓으신, 나만이 완성할 수 있는 유일한 삶의 목적이 있다. 그러기에 우리의 삶은 그 목적을 찾고 그 목적을 이루기 위한 치열한 여정일 때 그 진가를 발휘하게 된다.

길가에 핀 작은 들꽃까지도 그 자리에서 당당히 자기 몫의 아름다움을 피워 내고 있는 모습이라고 생각하고 바라보면 작은 감동이 가슴에 파동친다.

그 작은 들꽃이 만개하기까지 과정을 생각해 본다면 얼마나 신비로운가!

어디선가 바람에 실려 꽃씨가 길가에 흩뿌려졌을 것이고 길가에 자라잡은 그 씨앗은 깜깜한 밤에도, 햇살 가득한 낮에도, 비바람 몰아치는 날에도, 찬 눈발 날리는 한겨울에도 그 자리에서 생명을 보듬고 키워 내기 위해 인내했을 것이다. 그리고 어느 날 파릇한 싹이 나서 서서히 자라갔을 것이다.
　때로 여린 잎새로 폭풍을 견디지 못해 쓰러질 때도 있었을 것이고 오랫동안 비가 내리지 않는 가뭄에 타는 듯한 목마름으로 하루하루를 견뎌 냈으리라. 그리고 그런 인내의 시간 뒤에 꽃봉오리가 맺히고 그 봉오리가 하나하나 열려져 만개할 때 얼마나 전율하는 기쁨을 느꼈을까 생각만으로 감동이 인다.

　우리 안에 있는 꿈의 씨앗이 만개하기까지도 많은 과정이 필요하다. 그래서 삶의 목표를 달성하기 위한 과정 또한 계획이 필요하고 그 계획을 달성해 가는 절차를 체크해 나가는 것은 필수이다. 이는 한 번도 가 보지 않은 먼 길을 내비게이션을 켜고 가는 것과 같다.
　길눈이 어두운 내가 얼마 전 볼일이 있어 집에서 2시간 거리의 한 건물을 찾아가야 했다. 그런데 내비게이션을 보며 가니 처음 가 보는 곳이라도 얼마만큼 거리인지, 얼마만큼 왔고 가는 길이 얼마나 막히는지 다 보고 가므로 전혀 어렵지가 않았다. 가는 길이 너무 막혀 내비게이션에 온통 빨강색으로 나오면 길을 돌아가도록 방향을 바꾸어야 하는 것도 미리 알 수 있으니 얼마나 편리하던지.

삶의 목적을 알고 계획에 따라 생활에 가는 것은 내비게이션을 따라 삶을 살아가는 것과 같이 안전하게 우리를 목표에 도달케 한다.

일본의 유명 작가이면서 세계적으로도 명성을 날리고 있는 무라카미 하루키는 전업 작가로서 하루 20매의 원고지를 매일 쓰는 계획을 세워 놓고 비가 오나 눈이 오나 하루 20장의 글을 완성한다고 한다.

그러면 매월 약 600매의 원고가 완성되고 1년이면 약 7,200매의 원고가 완성되니 이렇게 꾸준한 집필로 인해 그는 누구도 범접할 수 없는 세계적인 작가의 반열에 올라온 것이 아닌가!

그는 또한 집필 활동은 튼튼한 체력이 뒷받침되지 않고는 결코 가능치 않음을 알고 매일 1시간씩 달리기와 수영으로 체력을 단련해 가며 그의 영혼의 소리를 담아내는 그릇이 지치지 않도록 관리를 해 왔다고 한다. 무라카미 하루키는 그의 책 『먼 북소리』에서 다음과 같이 이야기하고 있다.

> 나이를 먹는 것 자체는 그다지 겁나지 않았다.
> 나이를 먹는 것은 내 책임이 아니다.
> 그것은 어쩔 수 없는 일이다.
> 내가 두려웠던 것은 어떠한 시기에 달성되어야만 할 것이 달성되지 못한 채 그 시기가 지나가 버리고 마는 것이다.

나는 이 구절을 읽을 때마다 가슴이 초등 시절 소풍날 아침처럼 마구 뛴다.

어떠한 시기에 달성되어야만 할 것이 달성되지 못한 채 그 시기가 지나가 버리지 않도록 붙잡아야 한다는 긴박성이 다시 들어서일까?

아님 정말 알아야 할 중요한 사실이 망치로 머리를 치듯 순식간에 뇌리를 치며 깨닫게 해서일까?

어쨌든 이 구절을 읽을 때마다 가슴에 마구 파도가 몰려오는 것 같은 느낌이 든다.

우리의 꿈이 만개할 수 있는 유일한 시간인 이 생존의 뜨락에서 그 기회가 지나기 전에 꿈을 이루기 위한 절차들을 매일 성실히 실천해 가는 건 무라카미 하루키의 글처럼 '어떤 시기에 달성되어야만 할 것이 달성되지 못한 채 그 시기가 지나가 버리고 마는' 일이 없도록 시간을 부여잡는 확실한 방법인 것이다. 그리고 매일 그 실천 과정을 체크해 갈 때 우리는 작은 성취감으로 참으로 충만한 희열을 맛볼 것이다.

1. 작은 성취감의 디딤돌

> 저는 큰 목표가 있는 사람들만 대단한 도전가라고 생각하지 않아요. 단순히 오늘 하루를 다르게 살 수 있는 것만으로 충분히 도전이라고 생각해요. 하루를 바꿔 보는 것, 한 시간을 바꿔 보는 것도 저는 충분히 의미가 있다고 생각합니다.
>
> - 『부시 파일럿, 나는 길이 없는 곳으로 간다』의 저자 오현호의 강연 중

평범한 사람에게는 한 가지도 어려운, 정말 멋지고 다양한 경력을 갖고 있는 젊은이 오현호 씨는 많은 사람에게 강한 도전 정신을 심어 주는 사람 중 하나다. 그는 스쿠버다이빙 강사, 45개국 세계일주, VERO BEACH 철인 3종 완주, 아프리카 우간다 르웬조리 등정, 히말라야 텐트파크 등정, 사하라 사막 마라톤 250km 완주, Bush Pilot(길이 놓이지 않은 오지에 물자나 승객을 태워 나르는 조종사) 등 화려하고 이색적인 경력의 소유자다.

그런 그가 이렇게 다양하고 특이한 경력을 갖기까지는 정말 많은 숨은 노력과 인내가 있었을 것이다. 그런데 중요한 것은 그 화려하고 거창한 경력도 그 시작은 결국 하루하루, 한 시간 한 시간을 노력하고 도전함으로 이룰 수 있었던 것이다.

거대해 보이는 어떤 목표를 이루는 것은 결국 하루하루의 노력이 성실히 쌓일 때에만 가능한 것이다. 인간에게 어느 날 갑자기 무언가 거대한 것이 이루어지는 것은 아무것도 없다. 웅장하고 큰

건물이 건축되는 과정이 설계도에 따른 한 날 한 날의 노동과 땀에 의해 이루어지듯이 말이다.

오현호 씨가 친구들과 자전거를 타고 전국일주를 할 때 많은 어르신이 그들의 모습을 보며 하신 말씀이 "나도 너희들처럼 젊은 날 자전거 여행을 해 보고 싶었는데 …"라는 아쉬움 넘치는 후회의 말이라고 한다. 젊은 날에 대한 아련한 그리움 가득한 눈빛으로 이야기하던 어르신들의 말을 들으면서 그는 결심했다고 한다.

> 꿈은 누구나 꾸지만 누구나 행동하는 것은 아니다. 하고 싶은 일이 생기면 당장 해야 한다. 졸업을 하고 해야지 돈 벌어서 해야지 결혼하고 해야지 아이가 크면 해야지 하다 보면 이미 꿈은 저만치 가 있다. 나는 내가 하고 싶은 일을 찾아 떠나기로 마음 먹었다.

그 후 그는 정말 하고 싶은 것들은 하나씩 목표를 세워 이루기로 작정했고 그것을 위해 작은 것부터 실천하기 시작한 것이다. 이렇게 어떤 목표든 작게라도 일단 스타트하는 게 무엇보다 중요하다.

매일 계획을 세우고 실천해 가는 것은 목표를 이루는 데 주어진 시간을 낭비하지 않도록 막아 주고 목표에 집중해서 하루를 살도록 우리를 인도해 준다.

보통 하루 전날 잠자리에 들기 전, 하루를 반성하는 마음으로 하루를 돌아보고 내일의 일정을 점검하고 어떻게 하루를 지낼 것인지 짜면 굉장히 효율적이다. 회사를 다니거나 사업을 한다면 미팅을 비롯 회의 또는 개인적인 업무 처리 등 중요 업무를 중심으로 짜고 자투리 시간 활용을 또 계획하면 될 것이다.

가정주부라도 마찬가지이다. 아침에 일어나 아이를 등교시키고 그 이후의 시간에 대한 대략적인 일정표라도 가지고 있으면 좋다. 그러면 때로 커피숍에 앉아 한없이 시간을 노닥거리고 싶거나 텔레비전 연속극을 한나절이나 보고 싶은 충동도 줄일 수 있다. 사실 요즘은 가정주부들이 더욱 자기 계발에 열심인 경우가 더 많다. 그래서 자신의 꿈을 이루는 데 시간을 알뜰히 써서 운동이나 취미를 사업으로 발전시켜 가는 주부들도 많아지고 있다. 시간 활용을 어떻게 하느냐에 따라 삶의 질이 달라지는 현상이다.

사실 가정주부일수록 더 계획표가 필요한지 모른다. 가정주부는 사사롭고 일상적인 일로 조직적인 시간 관리를 할 수 없는 우발적인 일들이 많기에 사실 더 바쁠 수 있으므로 더 계획적인 것이 필요하다고 생각한다.

2. 타인에 의해 조종당하지 말라

호주의 작가 브로니웨어가 쓴 『내가 원하는 삶을 살았더라면』 (The Top Five Regrats of the Dying)에는 죽음을 앞둔 환자들이 후회하는 것을 5가지로 요약해 놓았다.

브로니웨어는 호주의 한 은행을 다니던 평범한 직장인이었는데 새로운 삶을 찾아 영국의 한 섬으로 간다. 그 섬의 한 바(bar)에서 주방일을 하면서 혼자 사는 노인을 돌보는 일을 한다. 그러면서 돌보던 노인들이 하나 둘 하늘나라로 떠나는 모습을 보게 되면서 인생에 대한 깊은 성찰을 한다. 그녀는 호주로 다시 돌아와 호주 전문 간병인으로서, 죽음을 앞둔 노인들을 간호하면서 그들과 속 깊은 대화를 나누게 된다. 그러면서 죽음을 앞둔 자들이 가장 많이 후회하는 것들이 무엇인지를 듣게 되고 이것을 자신의 블로그에 올렸다. 이 글은 세계의 많은 이에게 울림을 주었고 자신의 삶을 돌아보게 했다.

그 내용을 책으로 출판한 것이 『내가 원하는 삶을 살았더라면』 인데 그 책에 보면 죽음을 앞둔 자들이 가장 후회하는 첫 번째가 '다른 사람이 아닌 내가 원하는 삶을 살았더라면!' 이다.

우리가 삶의 목표를 세우고 그것을 실천해 가는 과정에서 중요한 한 가지는 남의 시선이나 비판에 흔들림 없는 확고한 자기 의지가 필요하다는 것이다. 그렇지 못할 때 사회 속의 한 구성원으로 사는 우리는 남의 판단에 의해 자기 목표나 뜻을 제대로 이루지 못하고 갈팡질팡하는 삶을 살 수 있다. 그리고 그런 삶은 어느 날 죽음이 다가왔을 때 후회막급한 인생이 될 수밖에 없다.

그래서 다른 사람이 보기에, 세상의 기준에서 보기에 행복해 보이고 가치 있어 보이는 것보다 자기가 진정 만족하고 행복한 일을 찾는 것은 정말 중요하다.

내가 몸담은 사업체는 건강에 관련된 대체 의학품 사업이기에 인체에 대한 의학 상식도 많이 알아야 하고 어떻게 우리 제품을 통해 질병들이 치료되어 가는지 그 의학적인 원리도 정확히 알아야 한다.

그래서 우리 부부는 이를 위해 몇 년 전 한국에 가서 '건강 관리사 자격증'도 땄고 또 캐나다 본사로부터 많은 다양한 의학 정보와 지식을 익혔기에 건강 상담도 가능하다. 이미 세계의 많은 사람이 복용 후 효과를 본 제품이기에 인도네시아에서도 이 제품을 알려 건강으로 어려움을 겪는 많은 사람에게 건강을 회복하도록 돕는 것은 정말 보람 있는 일이다.

우리 제품을 통해 많은 시간을 침상에 누워 있던 사람들이 다시 활기를 찾아 행복하게 지내는 모습을 보는 것은 정말 기쁜 일이다. 그래서 나는 이 사업에 늘 기쁨을 가지고 열심을 낸다.

또한, 업무를 하다가 피곤해지면 나는 글을 쓰곤 하는데 그러면 내 안에 넘치는 만족감과 성취감으로 충만해지는 것을 느낀다. 이

것은 내게 태생적인 정신적인 욕구와도 같아서 마치 누구도 금할 수 없는 내 영혼의 성역 같다고 나는 종종 느낀다. 좋아하는 일을 하는 것은 정말 즐거운 노동이다.

사람마다 자신이 하는 일이 무엇이든, 그 영혼의 DNA가 진정 간절히 갈망하는 그 무엇이 있기 마련이다. 축구를 정말 좋아하고 열광하는 아이를 책상에만 가두어 두는 것이 불가능한 것처럼 우리 안에 내재된 채 태어난 것 같은, 그 진실로 갈망하는 그 무엇을 가슴에만 가둬 두는 것은 정말 불가능하다.

죽음이 오기 전에 이 땅에서 그것을 찾아 죽음이 오는 그날까지 그것을 성취해 가는 기쁨을 누리는 것만큼 축복된 인생도 없을 것이다.

그러므로 분명 자신의 온 영혼이 갈망하는 그 무엇이 있음에도, 남보기에 더 그럴듯해 보이는 것 때문에 자신이 진정 원하는 것과 상관없는 일을 하며 하루하루를 지내는 것만큼 안타까운 인생도 없다.

이런 불행한 인생이 되지 않기 위해 필요한 것이 '용기'이다. 이 용기란 타인의 시선이나 판단에 묶이지 않고 당당히 자신이 원하는 길을 뚜벅뚜벅 가는 것이다. 그 여정에서 남들의 어떤 비판이나 야유가 쏟아진다 해도 자신이 발견한 진정 원하는 가치를 위해 살아가는 것은 죽음이 언제 오더라도 결코 후회함이 없는 삶이다.

이렇게 자신이 진정 원하는 삶을 살기 원하면 타인의 인정을 받고 싶다는 욕구에서 자유로워져야 할 필요가 있다. 이 땅에서 내 인생의 생사화복을 주관하는 거대한 하나님의 큰 손이 있음을 확신하고 그분의 계획대로 자신의 소명을 이루기 위해 사는 자라면 인간의 시선이나 인정에 연연하며 살지 않을 수 있다. 하나님이 인정하는 삶을 살고 자신이 진정 원하는 것을 실천하기 위해 사는 삶이라면 그 자체만으로도 만족감이 넘칠 수밖에 없기 때문이다.

그러나 한 가지 기억할 것은 타인의 시선이나 판단에 연연해하지 않는다고 해서 그것이 '안하무인'이나 '방종'과는 구별되어야 한다는 것이다.

남의 시선을 의식하지 않고 자기가 원하는 것을 한다는 이유로 공동체에 불쾌감이나 피해를 주는 행동으로 이어져서는 안 된다. 우리가 아무리 아름다운 꿈을 이루어 가는 과정이라 해도 그것이 가정이나 공동체와 사회에 해악을 불러오는 일이라면 그건 진정 아름다운 꿈은 절대 아닐 것이다. 진정 아름다운 꿈의 성취란, 이루어 가는 과정은 비록 다른 사람과 다른 의견을 갖고 다르게 행동한다 할지라도 그 결과는 자신과 공동체와 사회에 유익된 것이 되고 도전이 되는 것이 대부분이다.

3. 긍정적 변화에 박수를!

세계 최고의 부자인 워렌 버핏은 한 강연에서 다음과 같이 말한 적이 있다.

> 스스로에게 투자하십시오.
> 여러분의 가장 큰 자산은 여러분 자신입니다.
> 우리는 모두 많은 잠재력을 가지고 태어납니다.
> 그런데 대부분의 사람들은 그 잠재력을 아주 조금만 쓰면서 살아갑니다.
> 그러니 여러분 스스로에게 투자하십시오.
> 그게 바로 최고의 투자입니다.
> 마음이 진정 원하는 일을 찾으십시오.

우리가 목표를 위해 계획을 세워 사는 것은 자신 안에 내재된 잠재력을 이끌어내기 위한 자신에 대한 최고의 투자라 생각한다. 자신에게 시간과 에너지를 최고로 투자하여 자신이 가진 잠재력을 이 세상을 마감하기 전까지 최고로 꽃피우게 하는 것은 진정 가장 멋진 투자가 아닐까 싶다.

스스로에 대한 투자는 스스로를 변화시켜 나가는 지름길이다.

인생을 살아가면서 스스로 변화를 추구하지 않으면 어느 누구도 내 자신의 변화를 가져다 주지 못한다. 물론 외부적인 통제나 자극에 의한 변화가 어느 정도는 가능하지만 내적인 변화의 동력을 가지고 스스로 변화하기를 원치 않는 한, 그것은 결코 오래가지도, 근본적인 변화를 가져오지도 못한다.

우리가 자신이 이 땅에 태어나 정말 이루고 싶은 일을 찾고 그것을 성취하기 위해 계획을 세워 살다 보면 이전에 목표 없이, 계획 없이 생활할 때와는 다르게 긍정적으로 활기차게 변해 가는 자신을 발견할 수 있게 된다.

무엇보다 계획 속에 생활하다 보면 타인에 의해 시간이나 정신적인 방해를 덜 받을 수 있어 불필요한 시간이나 정신적인 소모를 없앨 수 있다. 그리고 마치 짐꾸러미로 가득 쌓인 지저분한 방이 말끔히 정돈되듯 계획 없이 살던 나태와 안일한 생활에 질서가 잡히고 안정이 되어 가는 것을 느낄 수 있다. 이렇게 외적인 생활 변화는 물론 이에 따라 성취감과 자신감으로 당당해지는 자신을 발견하게 한다.

새벽에 눈을 떠서 오늘도 내가 꿈을 성취하기 위해 해야 할 계획이 있다는 것으로 설레고, 잠자기 전에는 계획표대로 실천한 것에 동그라미를 그리며 초등생처럼 뿌듯해하는 삶을 살고 싶은가?

그렇다면 지금 당장 펜을 들어 내 인생의 꿈을 다시 한번 써 보고 오늘 하루를 위한 계획표부터 짜 보라.

그래서 매일매일의 삶 속에 계획과 실천 그리고 평가가 함께 하는 또 성취감과 보람으로 하루하루를 마감하는 삶을 시작해 보라. 계획표가 있는 삶이 훨씬 더 여유롭고 안정적이라는 것을 실천하는 순간 알게 될 것이다. 계획표에 의한 삶을 살다 보면 많이 서두르지 않으면서도 차분하게 업무를 처리할 수 있고 그날 해야 할 잔일도 더 잘 잊지 않고 신속히 처리하게 된다. 그리고 마음의 여유 때문에 훨씬 더 감사하고 기쁜 마음으로 생활할 수가 있다.

워렌 버핏의 말처럼 "자신이 진정 원하는 일을 찾아 그 일을 이루기 위해 시간과 에너지를 집약하여 투자하는 것만큼 값진 투자는 없다"는 것을 나 또한 늘 상기하며 살고 싶다.

4. 실천 방법은 유연하게

때로 삶의 목표를 분명히 찾았고 실천 계획을 세웠다 해도 의식주 해결을 위한 경제적인 필요를 채우는 급선무를 해결하지 않고는 꿈을 위해 매진할 수 없는 게 현실이다.

그러다 보면 현실과의 갈등으로 괴로워하게 된다. 그 갈등의 골이 깊어져 고뇌하다 때로 오로지 자신만을 위한 이기적인 꿈의 성취 방법을 택하는 이들도 더러 있다.

어떤 사람은 화가의 꿈을 이루기 위해 가족 부양의 책임을 뒷전에 두고 홀로 시골로 떠나 그림 그리는 데만 몰두하는 사람도 있다. 어느 주부는 작가의 꿈을 이루기 위해 가족을 내팽개치고 몇 달간 한적한 섬으로 떠나 집필에 몰두하는 사람도 있었다.

경제적인 책임이라는 걸망을 과감히 벗어던지고 자신의 꿈에만 매진하는 시간을 갖는다는 것은 사실 얼마나 가슴 설레는 일인가!

그러나 꿈을 실현하고자 하는 궁극적인 목적이 무엇인가를 생각해 보면 실천 방법도 보다 유연하게 해 나갈 수 있을 것이다.

오프라 윈프리는 세계적으로 유명한 방송 앵커로 그녀가 진행한 오프라 윈프리 토크쇼는 근 20여 년간을 미국에서 최고의 시청률을 자랑했었다. 이렇게 외적으로 성공 가도를 달리던 그녀는 2011년에 갑자기 방송을 종영한다. 그리고 자기 이름을 딴 케이블 방송 OWN(Oprah Winfrey Network)을 시작하는데 이 OWN이 출범할 당시 미국의 한 신문사에서는 결코 성공하기 어려울 것이라 예견했다고 한다. 많은 사람도 이에 동감하는 마음이 있었는데 그녀는 이런 많은 불안한 예감을 뚫고 사업에 성공하기 시작했다.

그리고 오프라 윈프리는 이 사업을 통해 세계의 많은 소외자를 위한 봉사를 시작한다. 다양한 미디어 사업으로 엄청난 부를 쌓은 그녀는 마치 그동안 자신이 받았던 사랑을 자선 사업을 통해 세상에 돌려주듯 그렇게 아름다운 삶을 살고 있다.

그녀의 강연을 듣다 보면 그녀가 생각하는 성공은 자기의 이익이나 명예만을 생각하는 얄팍한 성공이 아닌 더불어 함께 사는 '한 단계 업그레이드된 더 멋진 성공'을 추구한다. 즉 그녀에게는 성공 그 자체가 목적이라기보다 성공을 통해 얻은 것으로 세상을 보다 나은 세상으로 바꾸고자 하는 강한 열정이 있음을 알 수 있다.

즉 '무엇이 되느냐보다 무엇을 하는 어떤 사람인가?"가 그녀에게는 중요하다고 말한다.

그러기에 그녀는 인간이 가진 꿈을 성취하여 세상에서 성공하는 것도 중요하지만 더 중요한 한 가지는 그 꿈의 성취를 위해 인류와 사회와 이웃에 봉사하고 헌신하는 나눔의 삶이 될 때 그것이 진정한 성공이라고 줄곧 말한다.

그녀처럼 세계적으로 거창한 것을 이루거나 거대한 자선 사업을 하지는 못하는 삶일지라도 우리는 우리가 처한 상황에서 최선의 나를 만들어 갈 수 있다. 그리고 그렇게 만들어 간 후에 그 모습으로 내가 있는 가정과 공동체와 사회와 국가에서 더 나아가 세계에서 내 모습으로 할 수 있는 작은 봉사와 헌신의 삶을 살 수 있다.

그렇게 타인에게도 선한 영향력을 미치는 진정한 성공을 이루어 가기 위해서는 목표를 이루어 가는 실천 방법도 유연성을 놓치지 말아야 한다. 처한 환경과 내 주위의 사람들과 더불어 함께 조화되고 균형된 삶의 수레바퀴를 잘 돌려가는 것 또한 중요하기 때문이다.

가정주부라면 남편과 자녀들의 뒷바라지도 병행하면서 남편의 도움을 받아 가며 가정 안에서 꿈을 위해 열심히 노력해 갈 수 있다. 직장인이나 사업가라면 주어진 일에 성실히 임하면서 자투리 시간을 활용하여 꿈을 위해 노력해 갈 수 있다.

그렇게 내게 주어진 삶의 수레바퀴를 성실히 돌려 가면서 그 틈새 시간을 최대한 이용해서 꿈을 이루어 가는 것이 지혜로운 방법이라 생각한다. 그러나 만약 꿈을 이루기 위해 꼭 시간적, 공간적 이동이 불가피하다면 주위에 자신의 꿈을 잘 이해시키고 피력하여 가족과 주위 사람들과 서로 도움을 주고 받으며 그 일을 실천해 가도 좋다. 여하튼 꿈을 이루기 위한 실천 방법에서도 많은 지혜와 유연한 대책이 필요하다고 본다.

제6장

마라톤 경주는 결승점에서 승패가 난다

아직도 기억이 생생하다. 초등학교 5학년 체육 시간이었다.

달리기 시간이면 악착스럽게 끝까지 완주하여 1등을 해내던 키 작은 나를 체육 선생님이 대견이 보셨던 것일까?

그날은 중학교 1, 2학년 언니들과 초등학교 5, 6학년을 섞어 체육 선생님은 오래달리기 시합을 시키셨다. 햇빛이 유난히 쨍쨍 내리쬐던 그날, 메마르고 흙먼지가 날리던 건조한 초등 운동장에서 언니들 틈에 끼여 달리기를 하기 위해 출발선에 선 내 심장은 너무 크게 쿵쾅거려서 내 귀까지 울리는 듯했다.

'1등을 하고 말리라!'

나는 늘 출발선에서 하던 대로 마음을 먹었지만 왠지 다리가 후들거리고 있었다. 드디어 선생님의 출발 신호에 맞추어 정신없이 달리기 시작했다. 한 명 두 명을 제치며 빠른 발놀림을 해 보지만 중학생 언니들을 따라잡는 것이 쉽지 않다는 것이 느껴진 것은 얼마 지나지 않아서였다. 그러나 '그래도 달려야 한다. 끝까지 달려야 한다!'는 의욕만은 하늘을 찌를 듯이 높아 나는 이를 더욱 악

물었고 온 힘을 다 기울였다.

얼마를 달렸을까. 나는 후들거리는 다리를 느꼈고 정신마저 가물거림을 느꼈다.

'왜 이렇게 다리는 앞으로 나아가지 않고 정신은 혼미한가?'

이렇게 느끼면서 나는 필름이 끊겨 그 다음 어떤 일이 있었는지 알지 못한다. 내가 눈을 떴을 때는 나를 둥그렇게 둘러싸고 쳐다보는 친구들과 언니들의 웅성이는 소리가 귓전에 와닿았다.

"괜찮니? 은희야 정말 괜찮은거야? 정신차려봐 눈 떠 봐!"

'아뿔싸!!! 나에게 도대체 무슨 일이 일어난 것인가!'

어느새 엄마, 아빠의 얼굴도 보이고 담임 선생님의 얼굴도 보였다. 거기는 넓은 운동장도 아닌 우리 학교 보건실이었고 내 손등에는 링겔이 꽂혀 있었다. 나이 많은 의사 선생님까지 오셔서 나의 안색을 살피고 계셨다.

언니들을 따라잡고 1등을 하겠다는 나의 결심은 어디 가고 나는 쓰러져 양호실로 와서 한참 후에 깨어났던 것이다. 세상에는 의욕과 욕심만으로 되지 않는 일도 많다는 것을 그때 처음 나는 뼈저리게 느꼈다.

우리 인생은 마라톤과 같다. 아무리 강한 욕심과 의욕이 넘쳐나게 출발선에서 출발을 해도 결승점까지 가지 못하고 중도에 쓰러져 버린다면 우리 인생은 패배다.

내가 5학년 때 오래달리기에서 정말 1등을 하길 원했다면 나는 언니들과 달릴 수 있는 체력을 길러 왔어야 하고 오래달리기에서 호흡을 적당히 조절하며 어떻게 끈기 있게 잘 달려야 하는지도 배웠어야 했다.

인생에서도 마찬가지이다. 10대에, 20대에 화려하게 출발하기도 하고 청년기와 중년에 이미 성공의 정점에 이르기도 하는 사람이 많다. 그런데 안타까운 것은 이른 나이에 찬란히 꿈을 이룬 후에 더 이상의 삶의 목표를 알지 못해 추락하거나 오히려 망가지는 인생도 많다.

남이 부러워할 만큼의 성공을, 남은 꿈도 꾸지 못할 나이에 이루어 놓고 그 정점에서 더 이상 무엇을 해야 하는지 몰라 오히려 거둔 성공으로 타락의 길을 걷다가 인생 말년이 너무나 비참하게 끝나는 인생도 얼마나 많은가!

이는 무엇을 이루고자 하는 목표는 있지만 그것을 이룬 후에 그 성공으로 무엇을 할 것인가 하는 그 이상의 목표를 세우지 못한 까닭이다. 단기적인 인생 목표는 있었으나 인생을 결승점까지 승리하며 살기 위한 장기적이고 궁극적인 목표가 없었던 것이다.

그러므로 우리는 인생의 전반적인 설계와 인생의 단계적인 목표를 넘어 목표를 이룬 후에 무엇을 할 것인가 하는 장기적이고 궁극적인 목표까지 가지고 있어야 한다.

그래서 인생의 계획표에 따라 결승점까지 아름답게 완주해 갈 때 그 인생이야말로 진정한 성공이라고 말할 수 있는 것이다.

어제 원로 배우인 91세 신영균 씨의 기사를 읽으며 이런 분이야말로 인생의 마라톤에서 승리한 롤 모델이 아닐까 생각되었다.

평생 착실히 모은 500억 원을 기부하며 그가 한 말이다.

> 이제 내가 나이 아흔을 넘었으니 살아 봐야 얼마나 더 살겠습니까? 그저 남은 거 다 베풀고 가면서 인생을 아름답게 마무리하고 싶어요. 나중에 내 관 속에는 성경책 하나 함께 묻어 주면 됩니다.

영화계의 최고 자산가로 유명한 그는 2010년에는 명보극장과 제주 신영영화박물관 등 500억 원 규모의 사유 재산을 한국 영화 발전에 써 달라며 기부한 바 있다. 또 모교인 서울대학교에도 시가 100억 원 상당의 대지를 발전 기금으로 기부했다. 배우로 최고의 전성기였던 60-70년대에 많게는 1년에 30편씩 영화를 찍어 가며 모아 온 재산이라고 한다.

그는 독실한 기독교 집안에서 태어나 배우 생활 중에도 평소 가정을 잘 지키며 술, 담배도 멀리하고 성실히 생활해 온 인물이다. 치과 의사라는 전문직을 내려놓고 자신이 진정하고 싶은 배우의 길로 들어서서 수많은 배역을 맡아 열연하며 인생의 황금기를 누렸다. 또 절대 무리하지 않는다는 생각으로 건강을 지켜 91세인 지금까지 건강하게 후회 없이 살아왔다고 한다.

치과 의사직을 내려놓고 배우의 길로 들어설 때 어머니도, 아내도 만류했지만 자신이 진정 하고 싶은 일을 결코 포기하지 않고 살아왔다. 그런 면에서 그는 정말 행복했던 사람인 것 같다. 그렇게 자신의 꿈도 아쉬움 없이 다 이루고 그 대가로 벌어들인 수입을 또 사회에 다시 환원함으로 많은 사람을 유익하게 한 그의 말년은 참으로 빛나 보인다.

91세의 나이임에도 청색 줄무늬 양복을 멋지게 걸치고 환한 웃음을 머금은 채 여유롭게 사진을 찍은 모습이 아름다운 말년의 롤모델처럼 잔잔히 감동을 준다.

이렇게 인생의 마라톤에서 마지막을 아름답게 장식하는 삶이야말로 진정 찬란한 성공이다.

1. 마지막에 승리하면 블랙홀도 빛난다

오스힐먼의 『하나님의 타이밍』은 기독교 서적이지만 고난을 당하는 사람이면 그가 그리스도인이든 아니든 누구에게나 공감이 가고 교훈이 되는 내용이 담겨 있다. 그 책에는 세상에서 잘 나가던 CEO이자 신실한 그리스도인이었던 주인공이 어느 한순간 가정생활에 금이 가고 사업이 무너져 내리는 처참한 고난이 찾아오는 것을 볼 수 있다.

그런데 그때 주인공은 한 믿음의 사람을 통해 그 모든 것이 하나님이 사용하기 원하시는 사람들의 동일한 패턴임을 알게 된다. 그래서 그는 이 고난 속에서도 낙망치 않고 희망을 발견하고 새롭게 노력한다. 결국 끝없는 노력 끝에 그는 그의 인생에서 아름답게 하나님의 뜻이 이루어지는 것을 보게 된다.

인생을 살다 보면 누구나 '블랙홀'에 빠진 듯 앞이 보이지 않는 암담한 시간에 놓일 때가 있다. 나 또한 그런 블랙홀 같은 시간을 통과해 왔다.

벌써 10년이 지난 것 같다. 당시 인도네시아 자카르타에서 건강하게 안정된 직장에 잘 다니던 남편이 갑자기 몸이 안 좋아 한국으로 가서 치료를 받아야 했다.

그런데 치료가 제대로 되지 않아 할 수 없이 다니던 좋은 직장도 그만 두고 근 6개월을 집에서 요양을 해야 했던 시기가 있었다. 그때 나는 이곳에서 학원을 운영하고 있었기에 6개월간은 내가 가장이었다.

딸아이는 미국 대학에 합격하여 바로 미국 유학 생활을 시작하던 시기였고 아들은 초등생이었기에 어떤 시기보다 경제적으로 많은 필요가 있던 시기였다. 그런데 늘 건강하던 남편이 앓아누웠던 것이다. 그때의 절박함을 떠올리면 지금도 숨이 막히는 듯하다. 한국도 아닌 외국에서 나 혼자서는 감당하기 힘든 블랙홀에 빠져든 기분이었다.

그러나 나는 많은 노력 끝에 인내로 그 블랙홀을 다 빠져나올 수 있었다. 아니 그때 오히려 '진실한 사랑'의 힘이 어떤 것인지를 알게 되었다. 그때의 심정을 고스란히 담아 놓은 글이 있어 그대로 옮겨 본다. 내 인생에서 가장 어둡던 블랙홀 이야기인 셈이다.

도시락

80kg에 육박하던 거구의 남편이 달음박질하듯 몸무게가 내려가기 시작한 것은 충격적인 일이었다.
두세 달 사이에 근 20kg이 빠지다니!
도저히 있어서는 안 되는 일이 일어났던 것이다. 회사에서 점심을 잘못 먹은 것 같다며 속이 안 좋다고 했다.
그런데 어째서 그 후부터 밥도 죽도 먹지를 못하고 몸무게가 곤두박질을 치는 걸까?
한국에 가서 진찰 결과 암은 아니지만 위가 굳어 가는 병이라 했다. 처음 듣는 병이었다. 그래서 두 달여간을 한국에 가서 치료를 하고 인도네시아로 다시 돌아왔다. 그러나 회복이 잘 되지 않아 어질어질한 몸으로 남편은 여전히 회사도 못 나가고 누워 지내고 있었던 것이다. 큰딸이 미국 유학을 막 떠난 시점이어서 우리 인생에서 가장 많이 돈을 벌어야만 했던 절박한 시기였다. 그야말로 사면초가였다.

"이거 어서 먹고 또 수업해!"

늘 집에서 누워만 있던 남편이 어느 날 점심 시간, 학원에 나타나 내 민건 허름한 헝겊 보자기에 싼 도시락이었다. 병세가 아직 남아 있는 초췌한 남편의 얼굴과 허름한 도시락 보자기가 왠지 세트처럼 내 눈에 사진처럼 찍혔다.
누워 있던 남편이 학원으로 도시락을 싸 들고 온 것이다.
자신은 아파서 누워 있지만 가정 경제를 책임지기 위해 학원을 운영하며 강의를 힘들게 하는 아내가 너무 걱정이 된 것이다. 아내마저 과로로 쓰러지면 어쩌나 불안감이 든 남편은 몸이 어느 정도 움직일 만큼 기운이 나자 나를 위해 도시락을 싼 것이다.
도시락을 열자 밥과 어설프게 돌돌 말아 놓은 계란말이 그리고 김치가 보인다.
"꼭꼭 씹어 먹어! 체하면 안 되니…"
나는 남편의 말을 귓가로 흘리며 밥을 떠서 입 안으로 넣었다.
그런데 왠지 목으로 잘 삼켜지지 않아 헛기침을 하고 말았다.

가정에 대한 책임감이 누구보다 강한 남편, 가족을 위해서라면 온몸이 부셔져라 헌신하던 남편이었다.
그런 남편이 6개월을 직장도 나가지 못하고 누워 있으니 그 마음이 오죽했으랴!
도시락 속 어설픈 계란말이를 젓가락으로 들자 이내 풀리고 만다.

제6장 마라톤 경주는 결승점에서 승패가 난다 119

남편의 기운 없는 몸과 같이 힘아리가 없다. 남편은 그렇게 가끔 점심에 허름한 보자기에 싼 도시락을 들고 학원에 왔다. 내가 도시락을 먹는 내내 옆에서 지켜보고 있다가 밥을 다 먹으면 주섬주섬 빈 도시락을 챙겼다. 빈 도시락을 보고 이제 안심이 좀 된다는 표정으로 학원 문을 나서곤 했다.
"꼭꼭 씹어 먹어, 체하면 안되니!"
이 짧은 말에는 수만 가지의 말이 들어 있다.
'내가 이렇게 기운을 못 차리고 있는 상황에서 당신마저 과로로 쓰러지면 우리 집은 큰 일이야. 그러니 당신은 꼭꼭 씹어 잘 먹고 내가 건강을 다시 챙겨 일할 수 있을 때까지 당신이라도 건강히 일해야 해. 그래야 우리 딸이 계속 학업을 할 수 있을 것이고 늦둥이 우리 아들이 잘 클 수 있잖아!'
이런 남편의 마음이 구구절절이 서려 있다. 그래서 나는 알았다는 듯 고개를 끄덕이며 이를 악물듯 밥을 입 안에 떠 넣곤 했다.
지금까지 50 평생을 살아오면서 많은 도시락을 먹어 보았지만 나는 그때 남편이 간간히 싸다 주던 도시락이 가장 맛났던 것 같다. 비록 반찬은 늘 김치와 어설픈 계란말이뿐이 없던 도시락이었다. 하지만 그 도시락 속에는 가족을 사랑하는 남편의 빨간 사랑이 녹아 있었던 것이다. 그래서 나는 그렇게 남편이 요양을 하던 시간을, 그 도시락 속의 빨강 사랑을 먹으며 스스로 되뇌였다.
'여기서 쓰러져서는 안 돼. 조금만 더 인내하면 남편은 이제 건강해져서 예전처럼 그렇게 가족의 든든한 버팀목이 다시 되어 나를 지탱

해 줄거야'

이렇게 스스로 다독이며 강의를 했던 것이다.

그렇게 1년의 시간이 구름처럼 유유히 흘러 지나갔다.

늘 잘 먹고 건강하여서 앓아눕는 일조차 1년에 한 번 있을까 말까 했던 남편이었다.

그런데 갑자기 죽도 제대로 먹지 못하고 말라만 갈 때 얼마나 하늘이 막막했던지!

기운이 펄펄거리던 남편이 급기야 링거를 맞지 않으면 거동이 불편할 만큼 기력이 없어 늘 침대에 누워 있다는 사실이 얼마나 믿기지 않던지!

그런 초췌한 남편을 두고 혼자 학원으로 아침이면 출근할 때의 그 쓸쓸함은 뭐라 표현해야 할지!

늦은 저녁까지 강의를 마치고 녹초가 된 몸으로 집으로 향하면 어둠 속에 스멀스멀 목덜미를 조여 오던 남편의 건강에 대한 불안감을 어떻게 말로 표현할 수 있을지!

이 낯선 타국 땅에서 나 홀로 빈 배를 타고 끝도 보이지 않는 망망대해를 떠도는 듯한 그 아련한 슬픔과 절망감을 무어라 이야기해야 하는지!

그런 칠흑 같은 밤의 시간들이 내게도 하염없이 흘러갔던 것이다.

어릴 적 시골에서 깜깜한 밤에 하늘을 올려다보면, 그 드넓은 칠흑속에도 변함없이 별들이 깜빡임을 확인할 수 있었다. 그때 마음 안에 하염없이 퍼져 가던 왠지 모를 안도감과 평안이 얼마나 아늑했던지! 별이 있었기에 어둠 속에서도 평화가 물보라처럼 마음에 퍼져 갔다. 나의 칠흑 같던 그 어두운 시간에도 나를 요동치 않게 지탱해 준 별은 남편의 도시락이 아니었나 싶다.

나는 남편의 도시락을 먹을 때마다 또 도시락을 먹는 내 모습을 걱정 가득한 눈빛으로 바라보던 남편을 볼 때마다 반드시 이 어두운 밤을 이겨 내고야 말겠다는 의지를 가졌던 것이다. 남편은 도시락을 먹는 나를 보면서 어서 기운을 차려 고생하는 아내를 대신하여 다시 돈을 벌리라 다짐을 했을 것이다. 어찌 보면 우리는 깊고 어두운 밤에 서로 등을 기대고 밤하늘 영롱한 별빛을 바라보며 함께 새벽을 기다렸던 셈이다.

그리고 그 새벽은 그 후 꼭 1년이란 시간 후에 다시 찾아와 주었다. 건강을 회복한 남편은 그 후 다니던 직장보다 더 적성에 맞고 수입도 좋은 사업을 시작하게 되었다.

그 시간을 통해 나는 내 집 담장 너머 어딘가에 있을 듯했던 행복이 다른 어느 곳도 아닌 바로 우리 집 담장 안에 견실히 자라고 있음을 다시 새롭게 깨달았다.

사랑은 거친 시련의 바다에서도 방향을 잃지 않게 하는 등대다.
넘어지고 피가 나도 다시 일어나 걷게 하는 역동적인 생명체다.

그러기에 가진 것이 없어도 진실한 사랑이 가슴에 영롱히 별처럼 빛나고 있다면 그 별은 삶을 지탱하는 든든한 뿌리가 된다.
그러기에 사랑이란 얼마나 숭고한 것인가!

블랙홀에 갇힌 것 같은 시간이 올 때 그 블랙홀을 어떻게 바라보느냐는 굉장히 중요하다. 그 블랙홀이 내 인생을 승리로 이끌어 갈 하나의 과정이라고 받아들이고 그 과정을 긍정적인 시각으로 수용한 후 그 속에서 최선을 다할 때 어느 순간이 되면 그 블랙홀에서 빠져나와 환한 빛을 보게 되어 있다. 그렇게 되면 승리의 자리에서 뒤돌아볼 때 블랙홀의 시간도 빛나는 아름다운 추억의 시간으로 보이게 된다.

2. 성실한 대가를 치뤄라

13세에 미국 유학 길에 올라 혹독한 자기 훈련 끝에 세계적인 바이올린 대가로 우뚝 선 정경화 씨의 바이올린 선율은 감동 그 자체다. 완벽한 테크닉과 표현력은 세계 최고 음악가들도 감탄을 자아낸다. 그녀는 현재 72세의 나이에도 불구하고 최고의 현역 바이올리니스트로 왕성히 활약하고 있다.

그녀가 이렇게 세계 최고의 바이올리니스트가 된 저력은 어디에서 온 걸까?

그녀는 바이올린을 시작하고부터 하루 많게는 14시간에서 적게는 11시간의 바이올린 연습을 해 왔다고 한다. 연주에 대한 열정은 지금도 뜨거워서 잠들기 전에는 "내일 아침에는 이 곡을 연습해야겠다!"라는 기대감으로 심장이 고동친다고 한다.

그녀의 인터뷰의 한마디가 가슴에 남는다

> 자기 자신 속으로 깊이 들어가서 정말 하고 싶은 그 무엇을 찾아 그 한 오라기를 꼭 잡으세요. 그리고 거기에 푹 빠져 보세요 아주 빠져 보세요. 절대 두려워하지 마세요. 포기란 있을 수 없습니다. 나이에 상관없이 무조건 시작하세요!

이 말에서 나는 그녀의 쿵쾅거리는 열정의 심장 박동 소리를 듣는 듯 했다.

또 세계 각국에서 다양한 운동 경기로 최정상을 달리는 운동선수들의 훈련 과정을 인터넷을 통해 지켜보면 매일의 훈련이 참으로 혹독하기 그지없다. 육상 선수는 온 몸에 비지땀을 흘리며 아무도 없는 빈 운동장 트랙이나 경사진 산 언덕이나 대로를 끝없이 달리고 달린다. 농구 선수는 몇 시간을 농구대에 공을 던지고 던진다. 축구 선수는 기본기 훈련을 비롯하여 공을 이리저리 차며 끝없이 연습에 골몰한다. 권투 선수는 상대방에게 수없는 펀치를 날리고 맞으면서 쓰러지고 또 일어난다.

청소년에게 아이돌 같은 축구 선수인 손흥민 선수는 매일 기본기 훈련만 4시간을 한다고 한다. 골프 선수에게도 고독한 매일의 연습은 필수다. 최경주 선수는 보통 초등학교 때 시작한다는 골프를 고등학교 1학년이라는 나름 늦은 나이에 처음 시작했다. 그는 하루 4천 개의 연습 공을 매일 치면서 열악한 환경에서 연습을 계속해서 결국은 세계 골프 황제 타이거 우즈와 어깨를 나란히 하는 세계적인 선수가 된 것이다.

운동선수들에게 비시즌 때의 연습은 시즌 때의 우승과 직결되는 것이기에 매일을 목숨을 건듯 연습에 매진한다. 그 매일의 연습이 결국 세계적인 대회에서의 트로피를 거머쥐는 열쇠가 되는 것이다.

우리 인생도 마찬가지이다. 우리가 이 세상에 태어나 정말 이루고 싶은 목표를 찾았다면 우리는 그 목표를 이루기 위한 자신만의 계획표에 따라 매일 혹독한 훈련을 실행하는 것이 반드시 뒷받침되어야 하다. 이것은 고독하고 힘겨운 자기 자신과의 싸움이다. 환호하는 관객도 열광하는 군중도 없는 혼자만의 분투다. 그러나 그것이 하루하루 쌓이면 나중에는 엄청난 실력이 된다.

세계적인 대회를 앞둔 운동선수들의 훈련 시 눈빛과 그들의 순발력 넘치는 몸짓을 가만히 지켜보라. 그들은 안일과 나태라는 단어와는 일찍이 결별한 사람들같아 보인다. 수많은 관중의 환호와 응원 소리 하나 없는 빈 트랙과 운동장과 피트니스실에서 그들은 오직 자신의 한계를 뛰어넘기 위해 연습에 몰두한다. 침묵 속 항쟁처럼 사력을 다해 투쟁 중이다.

우리도 각자 자신의 인생 목표를 이루기 위해서 매일 무엇을 하고 있는지 점검해 볼 필요가 있다.

그들을 보면서 과연 나는 나의 인생의 목표를 향해 매일 세워 좋은 계획을 실행하려는 열정과 쉼 없는 노력으로 하루하루를 살고 있는지 아니면 나이나 환경을 핑계로 하루하루 꿈을 잃은 채 무기력하게 살고 있지는 않은지 돌아보아야 한다.

시즌 때의 성공과 우승만을 간절히 원하고 비시즌 때 연습을 게을리하는 선수는 결코 세계적인 대회에서 빛을 발할 수 없다. 왜냐하면, 우승은 끝없는 훈련으로 채워진 단단한 내공의 소유자의 것이기 때문이다. 즉 우승과 성공은 성실한 대가를 치루지 않은 자리에서는 이루어지지 않는 법이다.

찬란한 성공의 자리를 위해서는 찬란하지 않은 자리에서 매일, 수없이 비지땀을 닦으며 목표를 향한 꿈의 근육을 단련해 가야만 하는 것이다.

지독한 연습 벌레였던 세계적인 성악가 조수미 씨는 이렇게 말한다.

제 자신을 믿고 스스로를 최고라고 생각했습니다. 물론 당당함과 오만은 다릅니다. 아무런 준비와 근거 없이 자신을 최고라고 생각한다면 그건 오만이지만 열심히 준비하고 연습하며 스스로를 가꾸고 키워 나간다면 누구나 최고가 될 수 있다고 생각합니다. 놀랍도록 많은 것을 이루어 나갈 수 있는 근원은 바로 자기 자신에 있습니다.

자신의 무한한 능력을 믿고 도전을 두려워하지 않는다면 뜻하는 바를 모두 이룰 수 있을 거예요!

365일 중 300일 이상을 무대에 오르거나 무대에 오르기 위해 이동하는 시간을 갖는 바쁜 생활 속의 세계적인 성악가 조수미 씨 또한 지독한 연습이 뒷받침되었기에 오늘의 세계적인 성공이 가능했던 것이다.

물론 우리 모두 세계적인 정상의 인물이 될 수는 없다. 그러나 나이가 어떠하든, 환경이 어떠하든 꿈을 잃지 않고 매일 주어진 시간과 환경 내에서 계획에 따라 자신을 끝없이 훈련해 갈 때 우리 또한 우리의 목표를 이루는 환희와 기쁨으로 자축할 수 있는 날을 반드시 맞게 될 것이다.

그리고 그것만으로도 우리는 '내 인생의 멋진 승리자'가 될 수 있다고 본다.

3. 과정을 만끽하라

한국을 가게 되면 다시 한번 한달음에 달려가 보고 싶은 곳이 있다. 강원도 횡성에 있는 자그마한 '이브사과원'이라 불리는 곳이다. 이곳은 외삼촌이 5년 전 새롭게 자리잡아 농장을 가꾸는 곳이다. 외삼촌은 인생 후반전을 도시에서 벗어나 자연과 벗하며 소일하면서 사신다. 수익도 올리는 '수익형 헬스귀농'을 꿈꾸며 2014년 말 이곳으로 이사했다. 그는 사과원과 블랙커런트 농장을 가꾸고 있다.

이사한 첫 해, 우리 가족이 방문했을 때 산 언덕에 자리잡은 작은 집 주변에는 나무와 꽃나무들이 아늑히 자라고 있었다. 우리가 숲길을 따라 걷자 지저귀는 새들의 청량한 소리가 마음을 순식간에 상쾌하게 했다. 마당 한 켠에는 아이들이 탈 수 있는 그네가 놓여 있었고 고기를 구워 나눠 먹을 수 있는 작은 탁자도 놓여 있었다. 숙모는 자연 밥상을 한가득 차려 대접해 주셨는데 얼마나 맛있게 먹었는지 지금도 입맛이 돈다. 식후에 우리 가족은 밭고랑과 산길을 거닐며 도란도란 이야기하며 오랜만에 자연 속에서 행복한 시간을 즐겼다.

올해로 귀농한 지 5년이 된 삼촌과 숙모는 요즘 정말 보기에도 군침 돌 만큼 탐스런 횡성 사과를 수확해서 판매 작업에 들어갔다. 불티나게 팔리고 있는 모습이 페이스북에도 떠서 참으로 감사하다.

그런데 내가 정작 이야기하고 싶은 것은 삼촌이 수확한 탐스런 사과가 잘 팔리는 현재의 수익 결과가 아니다. 내가 그곳을 다시 가 보고 싶은 이유는 삼촌과 숙모는 그곳의 생활을 정말 즐기고 계신 듯 보였다는 것이다. 철마다 그곳에는 지인들이 와서 자연 속에 담소를 나누며 화기애애하게 지내고 계신다.

　이브사과원에 하얀 눈이 덮힐 때, 아지랑이 피고 새싹이 돋는 따사로운 봄날에, 푸른 녹음이 지천을 물들일 때, 화려한 단풍이 눈부실 때 계절마다 그것을 아름답게 다듬어 방문하는 지인들에게 안락한 마음의 보금자리가 되게 하셨다.

　또 농사를 짓는 분들이 주기별로 사과 농사를 견학하러 왔고 그곳의 대학과 연계하여 농업 기술을 서로 교류하는 세미나도 하면서 귀농의 즐거움과 함께 영농 지식도 체계적으로 습득해 가고 계셨다.

　사과나무를 심을 때, 사과나무의 가지치기를 할 때, 그리고 요즘처럼 수확을 할 때 함께 배우는 많은 농민께서 일손을 도와가며 도란도란 대화하며 사과 농장에서 일하신다. 그렇게 일하신 후 땀을 닦으며 새참을 드시는 모습들이 정말 행복해 보이신다.

　농사가 얼마나 힘들고 고달픈 것인지 나는 어릴 적 시골에서 자랐기에 잘 안다.

　부모님께서 지금은 모든 것을 정리하시고 서울에서 사시지만 어릴 적 아버지는 육체적으로 진이 빠질 만큼 고된 벼농사를 지으셨다. 두 팔다리가 쑤셔서 밤이 되면 신음처럼 앓는 소리를 내시며 주무시기 일쑤셨다.

물론 이브사과원도 수익이 나기까지 사과나무와 블랙커런트를 잘 관리해 가려면 육체적인 노동은 필수이다. 사과원 주위의 꽃나무랑 밭고랑에 자라는 야채도 모두 사람의 정성과 땀이 필수이다. 그런데 이런 작업들을 두 분은 기쁘게 즐기듯 감당하고 계셨다. 그러면서도 그곳을 방문하는 사람들에게 맛난 식사를 대접하는 수고를 마다하지 않으면서 기쁨을 나누셨다. 그래서 사람들이 늘 붐비는 행복한 이브사과원이 된 것 같다.

사과와 블랙커런트를 악착같이 잘 키워 열매를 따서 수익만 올리겠다는 생각으로 사과원을 운영하셨다면 방문객들은 귀찮은 존재가 될 수 있다. 물론 손대접을 하는 것도 손해라고 생각할 수도 있다. 그러면 그 한적한 산마을에서 두 분이 외롭게 고된 노동에만 시달리는 생활로 몸과 영혼이 피폐해 갈 수 있을 것이다.

그러나 그 과정을 진실로 즐기며 나누고 손대접을 감사히 함으로 두 분도 방문객도 행복한 장소가 되었다. 또 그렇게 기쁘게 수확한 횡성 사과는 소문을 타고 대박을 내고 있는 것이다. 나눌수록 풍요해지는 삶을 보여 주시는 것 같아 페이스북을 통해 인도네시아에서 소식을 보고 있지만 참 자랑스럽다. 그래서인지 이 이브사과원은 몇 년 전 한국의 한 TV 프로그램에 행복한 시골 풍경으로 소개되어 노년에 귀농을 꿈꾸는 이들에게 소망이 되고 있다.

『논어』에는 "알기만 하는 사람은 좋아하는 사람만 못하고 좋아하는 사람은 즐기는 사람만 못하다"라는 구절이 있는데 이를 현대적 감각에 맞게 변형하면 다음과 같다고 한다.

> 천재는 노력하는 자를 이길 수 없고 노력하는 자는 즐기는 자를 이길 수 없다.

아무리 천재적인 두뇌를 갖고 있고 노력을 엄청나게 하는 사람이라도 즐기며 일하는 사람을 따라갈 수 없다는 갈이다.

즉 우리가 인생 목표를 가지고 노력하는 것은 필수지만 그 과정을 즐기며 할 때 그 목표를 이루는 것이 그렇게 어렵지 않다는 것이다. 즐거움에 빠져서 무언가에 몰두하는 사람을 제지하는 것은 정말 어렵다.

그것이 나쁜 것에 중독이 아닌 자기 인생 목표를 이루는 데 빠져 일하는 거라면 그것만큼 행복한 인생도 없는 것이다. 그러므로 과정을 즐길 수 있는, 정말 좋아서 하고 싶은 일을 내 인생의 목표로 삼고 나간다면 더 바랄 나위 없는 행복 인생이 될 것이다.

우리 회사는 내일 이곳 인도네시아 보고르에 있는 전시장에서 치과의사협회에서 주관하는 박람회에 3일간 참석 예정이다.

나는 직원들에게 아침에 박람회 준비를 다시 점검하도록 지시를 해 놓고 오후 2시에는 마지막 점검을 위한 미팅을 하기로 했다. 그리고 그 중간 틈 시간에 이렇게 나는 또 오늘 하루 분량의 원고를 쓰고 있는데 정말 즐겁다. 글쓰는 것은 머릿속에 써야 할 내용만 떠오른다면 내게는 기쁨 그 자체이기 때문이다.

물론 글을 쓰면서 카톡으로 전화로 업무 처리를 간간히 해야 함에도 즐거운 글쓰기는 방해받지 않고 몰두가 된다.
내가 글쓰는 것을 정말 좋아하지 않는다면 업무 시간을 쪼개어 글을 쓰는 건 고역일 것이다. 하지만 정말 내가 하고 싶은 일이기 때문에 바쁜 중에도 글을 쓰는 것은 기쁨 자체가 될 수 있는 것이다. 과정을 즐길 수 있는 일을 찾았다는 것은 내게도 정말 감사하기 이를 데 없는 일이다.

4. 영향력은 삶이다

어제까지 3일간 치뤄진 인도네시아 치과의사협회 주관 박람회에는 인도네시아 발리를 비롯 먼 지역에서 올라온 치과 의사들이 족히 300-400명은 모인 듯하다. 우리 회사도 참석하여 치과 관련 제품에 대해 많은 홍보를 했는데 이번 박람회에는 아주 젊고 발랄한 인도네시아 치과 의사들이 많이 보였다. 그들을 보면서 젊은 날 자신의 꿈을 위해 전력투구하여 평생을 일할 수 있는 치과 의사라는 전문직을 일찍 땄다는 것에 참 대단하다는 생각이 들었다.

한 분야의 전문 직종에 서기까지 얼마나 많은 노력과 수고가 있어야 했을까!

그 수고와 땀을 온몸으로 이겨 내고 인생의 목표를 이룬 것을 생각하자 존경심마저 들었다.

인도네시아 치과 여의사 중에 우리 제품 중 치과 관련 제품을 자신의 치과에서 환자를 대상으로 임상 복용을 한 후 잇몸과 치아 조직이 더 조밀해짐을 확인하고 자신의 치과에서 우리 제품을 환자에게 권하는 의사가 있다.

치과 의사가 효능을 확실히 알고 권하는 제품이니 사람들이 더욱 신뢰를 하고 복용한다. 제품 판매 시에 나타나는 치과 의사의 영향력이라 볼 수 있다.

우리가 어떤 자리에 있든지 우리는 타인에게 영향을 미치고 산다. 사회에서도, 공동체에서도 우리는 어떤 방식으로든 영향력을 끼치며 살고 무엇보다 가정에서는 우리의 자녀들에게 보이지 않지만 매일 영향을 미친다.

오늘은 나의 55세 생일이다.

오늘 영향력에 대한 글을 쓰고 있는 이 시간에 29살 딸과 중학교 3학년인 아들, 그리고 남편에게 짧지만 감동이 되는 생일 축하 카톡 편지가 왔다. 셋 다 내 마음을 뭉클하게 하지만 그중 내가 가정에서 어떤 역할을 해 가고 있고 앞으로 어떻게 살아야 하는지를 다시 한번 생각하게 하는 아들의 편지가 유독 많은 생각을 하게 한다.

엄마의 생일을 진심으로 축하해요.

내가 지금껏 살아오면서 항상 기대고 의지할 수 있었던 엄마에게 너무나 고마워요. 내가 지금 신앙으로 서 있고 변화된 새로운 삶을 살아갈 수 있는 것도 다 엄마의 골방 기도 덕분이에요. 내가 사춘기를 지나면서 참 힘든 시기를 보낼 때에 언제나 내 옆에 항상 그 자리에서 나에게 나무가 되어 주고 다시 눈부신 햇살 같은 하나님을 바라볼 수 있도록 인도해 준 것도 참 고마워요. 엄마가 이 세상에 존재한다는 이 사실 하나만으로 우리에게 얼마나 큰 기쁨과 위로가 되는지 엄마는 모를 거예요. 그리고 다른 애들과 다르게 엄마에게 극진한 사랑을 받고 있다는 확신이 얼마나 나의 자존감을 높여 주는지요.

마지막으로 이 한마디로 끝낼게요.

"우리 엄마는 여리지만 굳세다!"

엄마로서 부족함이 너무 많은 나를 알기에 아들이 오늘 준 생일 축하 카톡 편지가 쑥스럽지만 다시 한번 정말 선한 영향력을 끼칠 수 있는 엄마가 되는 삶을 살도록 더 노력해야겠다는 결심을 하게 한다. 이렇게 내가 누군가에게 긍정적이든 부정적이든 영향을 미치고 살아가고 있다는 것을 생각하면 숙연함마저 든다.

돌아보면 지금까지 살아오면서 내 인생에도 감동을 주었던 사람이 여러 명이다. 그런데 가만 생각해 보면 내게 감동을 주었던 사람은 말이 아닌 행동으로 무언가 감동을 주었기에 내가 영향을 받은 것 같다. 즉 영향력은 말이 아닌 삶이다.

테레사 수녀가 전 세계인의 가슴에 감동을 주고 그의 말 한마디도 영향력을 미치는 이유는 무엇일까?

약 50여 년의 생을 자신의 젊음과 시간과 모든 것을 불우한 인도의 콜카타 지역과 세계의 빈민을 위해 희생하며 살았기 때문이다.

만일 그녀가 천사 같은 흰 수녀복을 입고 손에 물 한 방울 묻히지 않은 공주 같은 삶을 살면서 사랑과 희생을 목이 터져라 외쳤다 해도 지금처럼 세계인의 가슴에 영향력 있는 인물로 남아 있을까?

결코 아니다.

손양원 목사가 그리스도인뿐 아니라 그의 생애를 아는 자들에게 감동과 영향력을 미치는 인물이 된 것도 결코 그의 설교나 말 때문이 아니었다. 그는 49세라는 짧은 삶을 정말 수많은 고통과 시련을 견디며 살아오다 순교한 인물이다. 그런 그가 '사랑의 화신'으로 불리는 이유는 그는 가족과 사회로부터 버림받은 나환자들을 돌보는 삶을 살았을 뿐 아니라 여순반란 사건 때 자신의 두 아들을 죽인 공산당을 데려다가 자식처럼 키운, 정말 말로 표현할 수 없는 사랑을 실천한 인물이기 때문이다.

나환자를 돌보는 것도 말의 위로만이 아닌 피고름을 입으로 빨아내며 온몸과 마음으로 그들을 위해 헌신했다. 이런 삶이 뒤따랐기에 그것이 감동이 되고 영향력을 끼치는 삶이 된 것이다.

나는 이 원고를 쓰며 줄곧 꿈을 다시 찾아 새롭게 계획하고 실천하는 생활을 강조해 왔다. 이것이 중요한 것은 우리가 속한 가정에서, 공동체에서, 사회에서 작게라도 영향력 있는 삶을 살기 위해서 스스로의 삶을 계획하고 실천해 가는 것이 기본이라 할 수 있기 때문이다.

어찌 자신의 삶 하나 컨트롤하지 못하는 우리가 주위에 영향력을 끼칠 수 있겠는가!

그러므로 우리는 한 날 한 날을 알뜰히 계획하며 삶으로 살아내는 실천적인 삶을 살아가도록 늘 노력해야 한다. 다시 강조하지만 영향력은 결코 말이나 글이 아닌 삶 자체이기 때문이다.

제7장

후회되는 만큼 집중하라

인도네시아의 해변가 풍광은 정말 아름답다. 투명하리만치 맑은 코발트 빛 하늘에 희고 포슬한 구름을 배경으로 야자수가 팔을 벌린 모습은 한 폭의 풍경화다.

그 아래로 푸른 물결이 넘실거리는 해변을 거닐면 영화 속 주인공이 부럽지 않다. 거기에 하얗게 파도의 포말이 밀려 오면 깡충거리며 해변가를 뛰어 나온다. 끝없이 밀려오는 밀물과 썰물의 교차로에서 몸 둘 바를 모르며 환호하기도 한다. 밀물이 쓰나미처럼 무섭게 밀려오지만 않는다면 낭만이 넘칠 수 있다. 해변가 밀물은 그렇게 아름다운 그림일 때가 많다.

그런데 우리 인간에게는 가끔 결코 아름답지도, 낭만적이지도 않은 기억의 밀물도 밀려올 때가 있다. 우리가 어느 날 살아온 세월을 반추하다가 후회의 강물이 예고 없이 밀려올 때가 있음을 누구나 경험했을 것이다. 우리 각자의 나이가 얼마이든 인간이면 누구나 불완전하기에 지난 세월의 해변가에는 언제나 후회의 발자국이 남아 있기 마련이다.

후회의 종류는 사람마다 각자 다를 것이다. 어떤 이는 사업이나 직장에서의 후회일 수 있고 어떤 이는 가족이나 인간관계에서의 뼈저린 후회일 수 있다. 어떤 이는 결코 하지 말아야 할 보증 서류에 서명을 하므로 대책없는 일을 겪게 되는 일 등등 정말 다양하다.

그런데 이렇게 많은 종류의 후회가 있지만 우리 인간에게 누구나 공통적으로 갖는 후회가 있다. 그것은 지나온 세월을 돌이켜 볼 때 보다 시간 활용을 잘 할 걸 , 지금보다 한 살이라도 젊었을 때 무엇이든 한 가지라도 더 열심히 준비해서 이루어 놓을 걸 하는 시간 활용에 대한 후회이다. 그러나 이 후회는 아무리 후회를 거듭해도 돌이킬 방법이 없는 일이다. 단 하나 방법이 있다면 후회가 깊은 것일수록 재도전의 기회를 갖는 것이다.

아는 분 중에 중고 가구를 리폼해서 판매하는 분이 있다. 가구를 리폼하는 과정을 언뜻 본 일이 있는데, 우선 중고 가구를 구입하게 되면 수리할 부분을 수리를 한다. 그 다음 이 가구를 어떤 색깔로 어떻게 다시 리폼할 것인지 디자인을 한다. 그리고 리폼을 전문으로 하는 수리공에게 지시하여 디자인에 따라 색깔을 입히고 덧칠도 한다. 또 니스도 칠하는 등 여러 마무리 작업을 거친다.

그런데 정말 놀라운 것은 새 가구보다 더 멋진 리폼 가구가 종종 탄생하고 그 가구는 새 가구보다 비싼 가격에도 팔린다는 사실이다. 리폼이 끝난 가구가 너무나 멋져서 과연 이 가구가 낡은 중고 가구를 리폼한 건지 아예 새 가구인지가 헷갈릴 정도였다.
 '아 정말 리폼의 기술이 대단하구나!'라고 감탄을 했다. 또 그것이 아주 고가에 가격이 매겨져 고급 매장에 전시되는 것을 보고 '무엇이든 지혜를 갖고 새롭게 단장하면 이런 놀라운 일이 생기겠구나!'라고 생각했다.

 우리 안에 끝없는 후회의 강물이 밀려오는 이루지 못한 꿈이 있다면, 기억의 창고에서 이미 낡아 빠져 재생의 기미가 보이지 않는다 해도 다시 꺼내보는 건 어떤가!
 마치 낡은 중고 가구를 리폼하듯 우리 안에서 낡은 꿈을 꺼내 다시 재도전의 디자인을 시작하는 것이다.
 그렇게 재도전으로 이룬 꿈이 상상도 못할 멋진 리폼 가구처럼 아름다운 결실물이 되도록 해 보자. 꿈의 디자인을 따라 매일매일 꿈을 이루기 위한 수리를 계속하는 것이다.
 그렇게 재도전을 시도함으로 다른 사람에게도 큰 도전이 되고 놀라운 성과를 거둔 인생들이 의외로 정말 많다. 나는 이미 이 책의 초반에 모지스 할머니, 시바타 도요, 미우라 아야꼬 등 여러 인물들을 소개한 바 있다. 이외에도 40대, 50대, 60대, 70대에 과거에 이루지 못한 꿈에 다시 도전하여 꿈을 이룬 사람은 얼마나 많은지 모른다.

'못다 핀 꽃 한송이' 인생이 되어 후회를 가슴에 안고 무덤까지 가는 인생이 있고 모진 인내와 각고의 노력 끝에 '늦게 핀 꽃 한송이'가 되어 더 향기가 진하고 찬란하게 인생을 마감하는 사람이 있다. '못다 핀 꽃 한송이'로 애절한 아쉬움에 젖어 사는 인생이 될 것인지, 아니면 진정 아름다운 탄성을 자아내는 '늦게 핀 꽃 한송이'가 될 것인지는 오직 나의 선택과 노력 여하에 달려 있다.

1. 실패를 갱신하라

어릴 적 농사를 지으시던 부모님의 삶을 보며 자란 나는 매년 농사를 지으시는 아버지를 보며 배운 것이 있다. 아버지는 농사를 지으실 때 농작물 관리에서 실수했던 부분들을 늘 기억하시고 그것을 다시 반복하지 않기 위해 새해가 돌아오면 새로운 방법을 시도하시곤 하셨다.

가뭄이 들 때 논에 물을 대는 방법이 허술해서 충분히 물을 끌어 올 수 없었을 때는 다음 해에는 새로운 기계를 구입하셔서 미리 가뭄에 대비하셨다. 홍수가 나서 논물이 넘쳐 벼가 다 잠겨 발을 동동 굴리지만 빠르게 물을 뺄 수 없어 많은 벼를 속수무책으로 포기해야 했을 때는 다음 해에 큰 홍수가 와도 물을 빠르게 뺄 수 있는 방법을 강구하셔서 새롭게 사용하시곤 하셨다.

기록으로 남기지는 않으셨지만 아버지는 매년 농작물 관리의 향상법을 시도하셨다. 가을날 풍성한 수확을 거두시기까지 그렇게 노심초사 연구하시며 노력하셨다.

　그런데 어릴 적 우리 동네에는 다음 글에 나오는 아저씨처럼 농사 일에는 무관하게 한량처럼 사시던 분이 한 분 있었다. 그런데 나는 우리 아버지에게서만 배운 것이 아니라 이 아저씨에게도 아주 큰 인생 교훈을 얻었다. 내 기억 속에서는 잊혀지지 않는 아저씨라 몇 해 전 다음과 같이 글로 써서 이곳 자카르타의 한 잡지에 발표한 적이 있다.

　나는 어릴 적 시골 마을이 그리워질 때면 이따금 이 글을 한 잔의 커피를 마시며 음미하듯 읽는다. 그러면 다련한 고향 시골길에서 보았던 그 아저씨가 어느 길섶에선가 가만히 걸어나올 것만 같다.

　근 50년이 지난 지금에도 나는 왜 그 아저씨를 이토록 선명히 기억하는 걸까?

백구두 아저씨의 비애

　풋풋한 전원의 아름다운 향내가 흘러나오던 시골 마을에서 어린 시절을 보낸 내게 40여 년이 지난 지금까지도 기억이 나는 한 아저씨가 있다.

그 아저씨는 사람들이 한창 모내기를 하던 봄철에도, 추수를 하느라 일손이 부족하던 바쁜 가을철에도 늘 변함없는 차림새였던 것 같다. 거의 칼날처럼 빳빳이 다려 입은 양복바지에 멋진 베레모를 썼었고 신발은 언제나 빛나는 백구두였다. 늘 그런 차림새로 남들이 땀 흘려 일하는 논두렁을 백구두에 흙이라도 묻을세라 조심조심 걸어 시원한 나무 밑 풀섶에 앉아 계셨다.

일하는 농부 아저씨들과 웃으며 농담을 주고 받곤 했는데 그럴 때는 어김없이 텔레비전에나 나올 만한 긴 파이프 담배를 손에 들고 피우곤 하셨다. 마치 먼 도회지에서 시골로 놀러 나온 듯한 여유로운 표정이었다. 얼굴에는 늘 기름기까지 번들거렸다. 세상 근심이나 걱정 따위와는 예전에 이미 작별을 해 버린 듯한 표정이었다.

가끔은 우리 집에도 놀러 오시곤 했는데 그러면 엄마는 막걸리를 대접해 드렸다. 아버지와 아저씨는 더운 여름날 막걸리를 시원한 듯 마시며 이야기를 하시곤 했다. 나는 신기한 듯 아저씨의 베레모와 파이프를 번갈아 쳐다보았다. 아저씨가 벗어 놓으신 반짝반짝한 백구두를 아저씨 몰래 만져 보기도 했다. 그럴 때마다 나는 아저씨는 시골과는 상관이 없는, 먼 나라 아저씨 같다는 생각이 들곤 했다.

나는 동네 사람들도 모두 나처럼 아저씨를 조금은 부러워하기도 하고 신기하게 생각하는 줄로만 알고 있었다. 그런데 어느 날 논두렁을 지나다 그것이 결코 아니라는 것을 알게 되었다. 논에서 분주하게 일하시던 농부 아저씨들은 백구두 아저씨가 멀리서 다가오자 수

군거리셨다.

"아이구! 오늘도 여전히 신선이네. 저 집 논에 저 무성한 피(풀)는 올해도 여전하니 또 가을 되면 깊은 한숨만 내쉬겠네."

"그러게 말이지 어서 정신을 차리고 한량 생활을 끝내고 일을 해야 할 텐데 …. 마누라가 불쌍혀!"

"아이구 마누라가 아예 속이 썩어 앓아누웠다 하더만 도대체 언제 정신을 차릴런지!"

농부 아저씨들은 백구두 아저씨가 가까이 오기까지 그렇게 두런거리셨던 것이다. 신선이고 한량이 무엇을 뜻하는지 모르는 어린 나였다. 하지만 동네 아저씨들은 모두 백구두 아저씨를 불쌍하고 안타깝게 여기고 있다는 것을 그때에 알았다.

그리고 동네 농부 아저씨들의 우려가 뭔지를 더 정확히 안 것은 늦가을이 되어 한창 벼를 베고 타작을 할 무렵이었다. 그토록 반짝 반짝 빛이 나던 백구두 아저씨의 표정이 점점 어두어지고 초췌해지기 시작했기 때문이다. 알고 보니 이 백구두 아저씨는 남의 손을 빌려 겨우 모내기를 끝내고는 여름 내내 풀섶에 앉아 이야기 꽃을 피우느라 자기 논에 온통 피(풀)가 가득하도록 뽑지 않았던 것이다. 그래서 가을이 되자 그 아저씨 논의 벼는 텅텅 빈 쭉정이만 달린 것이었다. 백구두 아저씨는 꽉 여문 황금색 벼 이삭을 함박웃음을 띤 채 거두는 농부들 틈에서 쭉정이만 달린 자기 논의 벼 이삭을 한숨을 쉬며 바라보느라 얼굴이 검게 타 들어갔던 것이다.

나는 그 사실을 알고부터는 아저씨의 베레모도, 긴 파이프 담뱃대도, 번쩍 번쩍 광이 나던 기름진 얼굴과 백구두도 더 이상 멋져 보이지 않았다.

'왜 아저씨는 다른 농부 아저씨처럼 흙 묻은 바지와 신발 그리고 낡은 밀짚모자를 쓰고 땀 흘려 일하지 않고 파이프 담배를 꼬나물고 여름철 내내 보냈는가?' 생각하니 어린 내 마음까지 안타까움으로 한숨이 나왔던 것이다.

봄, 여름이면 광채가 났다가 가을이면 기미까지 듬성듬성 낀 얼굴로 한숨을 쉬며 초췌해진 얼굴로 동네 어귀를 지나다니던 백구두 아저씨의 생활은 그 후에도 변함이 없었던 것 같다. 내가 한 번도 백구두 아저씨가 허름한 농부의 모습으로 땀을 흘리며 논에서 일을 하는 것을 본 기억이 없었으니까 말이다.

오랜 세월이 지난 지금도 고향 마을에는 그 백구두 아저씨가 살고 계신지 나는 모른다. 나는 그 아저씨가 어떤 생각으로 그런 삶을 살게 되었는지도 모른다. 그러나 나는 고향 마을의 그림엽서 속을 늘 도회지 손님처럼 백구두를 신고 오고 가던 그 아저씨가 소설 속 주인공처럼 기억에 남는다. 그리고 그 기억은 내 어린 사고의 깊은 기저에 소중한 교훈을 새겨 주었다.

'비록 얼굴이 태양에 구릿빛으로 타고 온 몸에 진흙탕 물이 튄다 해도 씨를 뿌려야 할 시간에 열심히 씨를 뿌리고 피를 뽑아야 할 시간에 온 정성을 다해 피를 뽑는 노력의 대가가 있을 때에만 열매를 거둘 시간에 알토란 같은 볏단을 거두는 기쁨을 누릴 수 있다'는 이 명징한 진리를 내 가슴에 선명히 새겨 주었기 때문이다.

어린 내게 백구두 아저씨는, 꿈을 꾸고 이루는 것에는 관심없이 시간과 젊음을 낭비하며 허송세월을 보낼 때, 얼마나 안타깝고 쓰디쓴 결과를 맛보아야 하는지를 시청각 자료처럼 보여 주었다.

그런 면에서 나는 백구두 아저씨가 한편으로는 감사하다.

'나는 오늘도 주어진 삶 속에서 내 꿈을 이루기 위해 정말 최선을 다하고 있는가?'를 나도 모르게 되짚어 보게 되기 때문이다.

열심히 일하던 농부들과 백구두 아저씨처럼 우리도 인생의 가을이 오면 인생의 봄, 여름날을 어떻게 지냈느냐에 따라 우리의 삶의 결과물을 거두게 될 것이다. 각각 서로 그 결과는 엄청난 차이가 있을 것이다.

따라서 우리 인생의 마지막 삶의 결과물은 오늘 하루하루를 우리가 어떻게 지냈느냐에 따른 분명한 결과임을 안다면 매일의 시간은 결코 놓칠 수 없는 절호의 기회인 것이다!!!

2. 실패가 아닌 실험이다

사진 공유 서비스 업체인 OGQ의 신철호 대표의 강연에서 들은 '실패가 아닌 실험이다'라는 구절이 많은 생각을 하게 한다.

그는 우리의 실패가 실험이 될 수 있음을 일목요연하게 설명하기 위해 마이클 사먼스의 다음의 말을 인용한다.

> 우리가 수없이 많은 실패를 하지만 그것이 단순 시간 반복이 아니라 지난번 나의 오류들, 나의 실수들을 극복하는 실험으로서 변화가 된다면 한 번의 성공, 즉 한 번의 나의 실험을 위한 좋은 결과가 나머지 모든 실패의 잃어버렸던 것을 상쇄하고도 남을 것이다.

우리는 보통 어떤 일에 도전해서 원하는 결과를 얻지 못하면 그것을 단순 실패로 단정하는 데 익숙하다. 그런데 신 대표의 강연을 들으며 생각한 것은 우리가 어떤 일에서 원하는 결과를 얻지 못했을 때 그것을 '실패'로 단정하느냐 '실험'으로 받아들이냐는 큰 차이가 있다는 것이다. 무엇보다 그 차이는 그 이후의 우리의 태도에도 영향을 미칠 거라는 것이다.

예를 들어 만일 내가 어떤 작품 응모에 원고를 심혈을 기울여 제출했다고 하자. 그런데 대상을 타리라 기대하며 냈던 원고가 가작(佳作)도 아니고 완전 탈락했음을 확인했을 때 그 참담한 기분은 작품 응모를 해 본 사람은 절절히 안다.

그때 내가 '이번에도 실패했다'고 느낀다면 나는 지난번 실패에 이어 연이은 실패를 하는 실패 인생 같은 자괴감에 몹시도 괴로울 것이다. 어쩜 그 자괴감은 글을 다시는 쓰고 싶지 않다는 절망으로 이어질 수 있을 것이다. 즉 성공적인 작가가 되고자 하는 꿈의 계단을 오르다가 나락으로 추락하는 듯한 순간에 봉착할 것이다. 그런 경험 때문에 한때 문학소녀, 소년이었던 이들이 얼마나 많이 글쓰기를 포기하고 다른 길로 갔을까 생각하니 씁쓸하다. 그만큼 작품 응모의 낙선은 참으로 씁쓸한 패배의 기분을 자아낸다.

이렇게 어떤 일의 결과를 실패로 받아들이면 우리는 목표를 향해 오르던 발걸음을 멈추거나 설계해 놓은 꿈의 계단에서 추락하여 다시 오르기를 원하지 않게도 된다. 그런데 그것을 한 번의 실험이라고 생각을 한다면 우리의 태도는 달라진다.

무엇 때문에 이번 작품 공모에 떨어질 수밖에 없었는지 글의 구조나 문장력이나 어휘 선택 등 글을 다시 한번 살피면서 수정해 볼 수 있다. 그리고 나만의 글쓰기의 오류들을 잡아낼 수 있고 다음번 글쓰기에 그런 오류들을 다시 범치 않도록 노력을 할 것이다. 또 내 글쓰기가 세상의 많은 사람과의 경쟁력에서 밀리고 있음을 알고 더 분발하기 위해 글쓰기에 관련된 책을 더 많이 읽으려고 힘쓸 것이다.

그리고 가장 중요한 것은 실험으로 받아들일 때 목표를 향한 초점을 결코 잊지 않을 수 있다는 사실이다. 실패라고 보는 시각은 목표를 잃게도 하고 목표를 위한 더 이상의 노력을 포기하게도 하지만, 실험의 관점은 목표점을 잃지 않고 모든 것을 목표를 실행하기 위해 가는 과정으로 받아들임으로 목표에 흔들림이 없게 되는 것이다. 그리고 그 결과는 엄청나게 달라질 것이다.

과학자라면 이번 실험에 좋은 결과를 내지 못했기에 이번 실험의 오류들을 다시 반복치 않고 수정해 가면서 새로운 실험을 해갈 것이다. 포기가 아닌 목표를 향한, 끊임없이 전진하는 삶을 계속 할 수 있는 것이다. 이렇게 우리의 삶에 대한 태도, 특히 실패라고 느껴지는 삶의 결과 앞에서의 나의 태도는 무척 중요하다.

우리가 과거를 돌아볼 때 지워지지 않는 옷의 얼룩처럼 우리 마음을 눅눅하게 하는 경험들은 대부분 우리가 실패라고 이미 낙인 찍어 놓은 경험들이 대부분이다.

그러나 그것을 지금보다 더 젊었던 날들의 '용기 있는 실험'이었다고 다시 한번 생각해 보자.

우리는 얼마나 많은 것을 이루기 위해 나름 많은 실험을 해 왔는지 스스로에게 대견한 마음까지 들 것이다. 자신의 꿈을 위해서, 자식들을 잘 키우기 위해서, 사업에 성공하고 직장에서 인정받기 위해서 공동체 속에서 우리는 얼마나 많은 수고와 애를 쓰면서 살아왔는지 알게 된다.

그렇게 몸부림치며 노력해 왔던 자신을 돌아보면 실패자라고 의기소침해 있는 자신의 등을 한 번 두드려 주고 싶은 마음까지 들지 않는가!

그리고 이것은 앞으로 우리가 해 나갈 많은 일에서도 마찬가지이다. 우리가 꿈을 위해 목표를 세우고 매일매일 계획을 세워 실천해 가다가도 어느 날은 계획대로 실천하지 못하고 마치 실패한 하루 같은 참담한 하루를 보낼 수도 있다. 그 순간 오늘의 노력은 내일의 발전을 위한 디딤돌이자 실험임을 생각하며 감사한 마음을 갖고 오늘의 오류를 기록하고 다시 그것을 반복치 않도록 노력한다면 우리는 나날이 조금씩 발전해 갈 것임에 틀림없다.

그리고 이런 낙관적이고 긍정적인 시각은 성장을 위한 매일의 실험을 더 흥미진진하게 해 나갈 수 있게 만들 것이다.

우리 인생의 해변가에 '실패'라고 크게 써 놓았던 글자들을 기억의 밀물 속에 다 지워 버리고 '멋진 실험'이라는 글씨를 크게 다시 써 보자. 그리고 두 팔을 벌리고 가슴을 펴고 심호흡을 하며 바닷바람을 맘껏 들이마시며 크게 외쳐 보자.

"그래 또 다시 실험해 보자!!!"

3. 계속 성장해 가라

36살의 박재민 씨의 이야기는 참 흥미롭다.

본업은 배우이지만 그에게 따라붙는 수식어는 참 여러 가지다. 평창 동계 올림픽 스노보드 해설위원, 서울종합예술학교 무용예술 계열의 교수, 프로 비보이팀 T.i.P 소속 비보이기도 하다. 또한, 도서 번역가, 현역 스노보드 선수 및 국제 심판, 농구 공인 심판으로 활동 중이다.

그가 강연에서 자신의 경험과 함께 성공과 성장에 대해 일목요연하게 이야기하며 끝없이 함께 성장하자고 독려하는 모습은 정말 멋지다. 그는 자신이 지금까지 갖게 된 이런 다채로운 이력은 매일의 도전 속에 인내와 좌절을 이겨 낸, 즉 각고의 노력으로 스스로의 성장을 도모한 결과물이라고 이야기한다.

박재민 씨는 '성공'과 '성장'을 이렇게 구분지어 이야기한다. 성공은 외부적으로 남이 인정하는 어떤 결과물일 때가 많다. 그러나 성장은 내적인 자신만의 향상의 결과물로, 남이 알아주지 않을 때가 많다. 그런데 이 성장은 많은 고통과 좌절을 딛고 인내할 때 이루어지는 것이다. 이 성장이 지속될 때 그것이 쌓여 언젠가는 눈부신 성공을 거둘 수 있다는 것이다. 그러므로 매일 지속적으로 스스로 성장해 가기 위한 노력은 성공을 위한 기초이다.

누구나 목표를 세우고 그것을 이루어 눈부시게 성공하고 싶어 한다. 그런데 그 피라미드의 꼭지점 같은 성공의 정점은 먼저 피라미드를 채우는 많은 눈물겨운 성장의 과정이 있어야만 가능함을 36살의 박재민 씨는 강조한다. 그는 자신의 경험으로 이것을 알았기에 그것을 설득력 있게 많은 사람에게 나눌 수 있었던 것이다.

아침에 눈을 뜨면 우리에게는 동일하게 24시간이 주어진다. 그런데 어떤 이들은 그 시간들을 익숙한 것에 안주하면서 일상적인 즐거움에 만족하면서 또 지금까지 습관된 것들이 자족하면서 시간을 보낸다. 그러나 그 가운데 정말 주어진 삶어 꼭 이루고 싶은 분명한 목표 의식을 갖고 있는 사람들은 일상적인 즐거움이나 익숙한 습관들에서 벗어나 새로운 것에 도전한다. 그렇게 자신의 성장을 위해 매일 힘쓰는 사람과 그렇지 않은 사람은 시간이 흐를수록 그 결과가 엄청나게 달라진다.

마치 한 꼭지점에서 양쪽으로 벌어지는 각도가 꼭지점에서 멀어질수록 더욱 더 벌어지듯 그렇게 안주하고 자족하는 삶과 도전하고 성장하는 삶의 보폭은 시간 속에서 점점 격차가 벌어진다.

그래서 늘상 제자리 걸음을 하는 인생은 1년이 가도, 10년이 가도 아무 변함이 없다. 그러나 성장, 발전을 위한 노력을 멈추지 않는 사람은 1년 후, 10년 후가 몰라보게 달라지는 것이다.

학창 시절 동창을 만났을 때 우리는 놀라는 일들이 가끔 있다.

어떤 친구는 학창 시절 그다지 성적도 좋지 않고 성격도 소극적이었는데 10년 후 만나 보니 영어를 유창하게 하는 건 물론이거니와 적극적으로 일처리를 하고 화려한 경력을 갖고 있는 친구가 있다. 그런데 어떤 친구는 뛰어난 성적에 늘 즈극적이고 못하는 게 없는 친구였는데 그 당당하던 모습은 자취를 감추고 평범한 일상을 사는 친구도 있다.

졸업 후 전자의 친구는 자신의 성장을 위해 보이지 않는 곳에서 성실히 시간 활용을 했던 것이고 후자의 친구는 일상에 만족하며 안주하며 살아온 것이다.

시골에서 자란 나는 어머니가 포도나무를 키우는 것을 보았다.
뒷밭 한 켠에 포도 묘목을 심고 포도 넝쿨이 자라면 그 넝쿨이 잘 타고 오를 수 있게 철사와 나무로 망을 만들어 주었다. 그리고 포도나무의 영양가가 열매를 맺는 데 잘 모이도록 가지치기를 하셨다. 포도 알이 작게 열리기 시작하면 그 포도 알도 절반은 없애고 한 나무에 몇 개만 남겨 두어 포도송이가 아주 굵게 익어 가도록 했다. 어떻게 포도나무를 돌보느냐에 따라 얼마나 잘 자라고 얼마나 탐스런 포도송이가 열리는지를 생생히 볼 수 있었다.
포도가 잘 열리게 하기 위해 묘목에 거름을 주는 것부터 또 가뭄 때는 물을 주는 것, 가지치기 하는 것 등등 많은 손길이 필요했다. 그냥 자라는 것이 아니라 성장하여 열매를 맺기까지는 끝없는 돌봄과 가꿈이 필요했다. 그런 돌봄과 가꿈이 없으면 포도 묘목은 자라다가 잔포도 몇 개만 달린 볼품없는 모습으로 죽어 갈 것이다.
우리 자신이 포도나무라면 탐스런 열매를 맺기까지 얼마나 돌봄과 가꿈이 많이 필요하겠는가!
그런데 그 돌봄과 가꿈은 우리 스스로 하지 않으면 아무도 대신해 줄 수가 없다. 우리 스스로 자신이 성장하고 발전하여 인생 목표를 이루도록 끝없이 스스로를 가꾸고 돌보는 과정은 필수인 것이다.

내가 스스로를 얼마나 잘 돌보고 가꾸고 키워 가느냐에 따라 내 인생의 열매의 크기가 결정된다는 것을 생각한다면 어찌 주어진 하루하루를 안일과 태만으로 소일할 수 있겠는가!

4. 때로 아름다운 포기도 있다

밥퍼 사역으로 이미 전 세계적으로 유명한 최일도 목사, 김연수 사모의 사랑 이야기는 한 편의 소설처럼 아름다우면서도 애절하다. 그 사랑이 꽃을 피워 많은 사람에게 밥을 나누는 귀한 사역을 하는 모습은 언제보아도 존경스럽다.

두 사람의 인생 이야기를 읽으면서 나는 이분들이 결혼하여 밥퍼 사역을 하기까지 각각 포기해야만 했던 꿈이 있었다는 걸 알 수 있었다. 많은 사람이 알듯이 김연수 사모는 평생 하나님께 인생을 드리기로 약속했던 종신 서원 수녀였다. 하나님께 서원을 하면 그 서원은 반드시 지켜야만 하나님께 죄가 되지 않는 걸로 믿음의 사람들은 대부분 생각하고 있다. 즉 서원이란 절대적인 순종이 따라야 하는 것이 정상이다.

그러나 최일도 목사가 신학생 시절, 김연수 수녀를 보고 첫눈에 프리지아처럼 청초하고 맑은 모습에 반하게 되고 그 후 2년간 끝없이 구애하며 사랑의 열병을 앓게 된다. 하지만 종신 수녀로 서원한 몸인 김 수녀는 하나님께 약속한 바를 지키기 위해 이를 거절한다. 이에 깊은 상심이 된 최일도 신학생은 목숨을 끊을 결심이 담긴 유서 같은 편지를 남기고 제주도로 떠나 버린다. 이 편지에 너무 놀란 김 수녀는 최일도 신학생이 건강히 다시 돌아오기만 한다면 결혼을 하겠느라 하나님께 기도한다.

이렇게 해서 두 사람은 결국 결혼을 하게 되고 아름다운 가정을 이루어 길거리 빈민들에게 밥을 나눠 주는 사역을 시작했고 이 사역은 전 세계적으로 퍼져 가고 있다.

만일 김연수 수녀가 종신 서원 수녀의 자리를 포기하지 않았더라면 어떻게 되었을까?

극단적으로는 한 남자의 일생이 끝날 수도 있었을 것이고 그들이 결혼 후 함께 하는 많은 사역의 열매는 없었을 것이다. 그래서 밥퍼 사역의 수혜자들은 그 따뜻하고 맛난 밥을 먹지 못했을 것이다. 결과적으로 보면 김연수 수녀가 자신의 종신 수녀라는 꿈을 포기함으로 더 큰 꿈을 이룬 결과가 되었다.

또한, 최일도 목사도 젊은 신학생 시절, 독일로 유학 갈 결심이 있었고 결혼 후 이를 들은 아내 김연수 사모는 독일보다는 프랑스로 가길를 원했다고 한다. 그런데 하나님이 청량리 역에서 쓰러져 구걸하는 할아버지의 모습을 보는 순간 하나님의 부르심을 느껴 밥퍼 사역을 시작하게 된 것이라 한다. 젊은 날 독일 유학이라는 아름다운 꿈을 포기하고 길거리 빈민을 섬겼던 것이다.

　이 두 사람은 자신들이 갖은 꿈을 포기하긴 했지만 그 포기가 더 풍성한 열매를 맺게 되는 아름다운 포기가 된 셈이다.

　주위에 보면 이렇게 자신의 젊은 날의 꿈을 어쩔 수 없이 포기해야만 하는 피치 못할 상황에 봉착하여 포기한 사람들이 많다. 물론 모두가 다 이렇게 더 좋은 결과를 얻는 포기는 아닌 것이 사실이다. 그러나 포기하는 대신 분명 다른 어떤 것을 또 삶 속에서 얻을 때가 많다.

　우리가 인생의 계획을 세우지만 그 계획대로만 흘러가는 것이 아닌 게 인생이기에 많은 아름다운 포기가 있을 수밖에 없다.

　예전에 알던 한 지인은 예쁜 용모를 가진 미인이여서 누구나 만나면 그 미모를 한 번씩 더 쳐다보게 만들었다. 그녀는 그 예쁜 용모와 실력으로 자신의 꿈대로 스튜디어스가 되어 세계 여러 나라를 비행기를 타고 다니며 자신의 일을 즐기며 살고 있었다. 스튜디어스의 일은 자신의 적성과 성격에도 정말 잘 맞아 매우 즐겁게 일했다고 한다.

그런데 그 미모에 반해 쫓아다니는 남자가 생겨 결국은 어느 날 결혼을 하게 되었다. 남편의 용모도 멋져서 그녀는 속으로 생각했다고 한단다.

'우리가 2세를 낳으면 정말 완벽한 얼굴이 나올거야!'

멋진 남편을 만나 행복한 가정을 이루었고 자기가 그토록 원하던 스튜디어스라는 직업도 가진 그녀는 부러울 것이 없었다고 한다.

그녀는 아이를 낳고도 친청 부모님께 아이를 맡기고 스튜디어스일을 계속 하고 싶어 잠시 휴직하고 아이를 낳았다.

그런데 이게 왠일인가!

아이는 태어나면서부터 잘 울지도 웃지도 않고 별 반응이 없는 아이였다. 이상한 생각이 들었으나 시간이 흐르면 나아질거라 생각했는데 머지않아 이 아이가 정상아가 아닌 자폐아에 경증 뇌성마비 장애까지 있음을 알게 되었다.

청천벽력 같은 병원 검진 결과에 그녀는 스튜디어스의 꿈을 접고 전업주부가 되어 아이만을 돌보는 삶을 선택했다. 아이를 바라보며 울고 웃는 그 후의 생활이 고달파서 그녀의 빛나던 미모도 점점 초췌해져 갔다. 그렇지만 자신이 정성으로 돌보자 딸아이가 점점 증상이 완화되는 것을 보니 정말 감사하다고 한다. 그러면서 하는 말이 스튜디어스라는 정말 평생하고 싶었던 꿈을 중도에 내려놓아야 했지만 사랑하는 자신의 아이를 위한 포기였기에 후회가 없다고 했다.

우리가 꿈을 이루기 위해 노력해 가는 과정이 늘 직진하는 삶이 아니고 굴곡진 삶일 때도 많다. 또한, 이렇게 자신이 평생하고 싶은 일을 포기해야 하는 상황에도 놓이게 된다.

그런데 이런 포기를 '아름다운 포기'라 부를 수 있는 것은 나의 꿈의 포기를 통해 또 다른 열매를 거두거나 또 다른 어떤 긍정적인 결과를 가져올 수 있기 때문이다.

어떤 인생의 포기에 직면하든 그 포기로 인해 삶이 더욱 황폐해지거나 마이너스가 되지 않고 긍정적인 그 무언가가 있다면 우리는 그 포기도 감사로 받아들여야 한다. 왜냐하면, 그것도 내 인생을 풍요롭게 만드는 한 과정일 수 있기 때문이다.

스튜디어스의 꿈대신 아이에게 헌신하는 삶을 통해 그 아이가 더욱 건강해지고 행복한 삶을 살 수 있다면 그보다 귀한 아름다운 포기가 또 어디 있겠는가!

때로 우리 인생에는 이렇게 '아름다운 포기'를 결단해야 할 순간에 직면하기도 하는데 그 결단을 과감히 하는 용기 또한 꿈을 이루는 것만큼 멋진 일이라고 나는 생각한다.

제8장

나는 역사책의 서술가다

어릴 때 우리나라 위인전을 읽다 보면 위인전 주인공들은 태어날 때부터 아니 태어나기 전, 어머니의 꿈부터 평범한 사람과는 달랐다. 조선 시대 어느 장군의 위인전에는 어렸을 때 호랑이와 싸워 이긴 이야기까지 등장한다. 말과 행동도 어른스럽기 그지없어서 그걸 읽는 평범한 소년소녀들은 감히 위인전에는 자신은 낄 수 없을 거라고 생각할 수도 있을 듯하다.

위인은 이렇게 태어나기 전부터 또 태어나면서부터 운명지어진 것일까?

나는 아직도 의문이다.

세계적인 베스트셀러인 성경에도 보면 많은 신앙의 위인이 나온다. 이스라엘 역사를 주도했던 기라성 같은 인물들의 이야기는 대역사의 서사시 속에서 찬란히 빛날 때가 많다. 거대한 홍해 앞에서 팔을 벌려 기도하자 홍해가 갈라진 모세의 이야기부터 무시무시하게 생긴 골리앗을 맷돌로 이마를 명중하여 쓰러뜨린 다윗

이야기 등등 얼마나 흥미진진한 이야기가 많은지 모른다.

그런데 이런 성경 속 이야기가 우리나라 위인전의 이야기와 사뭇 다른 점이 있다. 그것은 성경 인물들의 이야기 속에는 그들의 탁월하고 일반인과 다른 모습뿐만 아니라 일반인보다 못한, 실패하고 추한 이야기까지 그대로 실려 있다는 것이다. 감추고 싶고 결코 사람들 앞에 공개하기 싫은 그들의 민낯이 그대로 드러나 있는 것이다.

한 예로 다윗은 거대한 블레셋 장수인 골리앗을 물맷돌로 쓰러뜨린 놀라운 기적 같은 일을 해낸 인물이지만 그는 왕위에 올라 부하의 아내 밧세바를 탐하여 자신에게 충성을 다했던 신하 '우리야'를 죽게 하는 파렴치한 일을 저질른다.

현대말로 바꾸면 그는 부하의 아내를 궁궐로 불러 강간했을 뿐 아니라 그것을 은폐하여 완전 범죄를 하기 위해 밧세바의 남편 우리야를 전쟁의 최전선으로 내몰아 죽게 한다.

그리고 그 아내 밧세바를 아예 새 부인으로 맞아들인다.

이렇게 위대한 신앙 인물의 뒷마당에서 벌어지는 추한 모습도 그대로 성경 속에 써 있다.

물론 성경에는 이 범죄를 다윗이 가슴깊이, 진정으로 하나님 앞에 회개함으로, 그 지탄받아 마땅한 범죄는 하나님 앞에 뼈아픈 대가를 치루고 마무리된다. 그렇지만 그 추한 과정의 이야기는 빠짐없이 리얼하게 공개되어 있다. 만일 다윗이 직접 자서전을 썼다면 그래도 이런 부끄러운 민낯을 다 공개했을까라는 의문이 든다.

어릴 때 위인전을 읽을 때와는 달리 이렇게 솔직하게 한 인물의 이야기를 과감없이 그려낸 성경 속 인물 이야기를 읽을 때면, 내가 이 땅에 태어나 지금까지 살아온 이야기, 앞으로 살아갈 이야기를 누군가 이렇게 모든 것을 공개해서 쓴다면 어떤 모습으로 그려질지 생각하게 된다.

그런 생각을 하다 보면 이 땅에 사는 삶 자체가 이 땅에서의 내 역사책을 써 가는 준엄한 시간이라는 생각이 든다. 그렇다면 우리는 매년 한 권씩 나만의 역사책을 말로, 행동으로 써 가는 인생의 주인공들임에 틀림없다.

그 역사책을 어떻게 써 가든, 개인의 몫이지만 우리에게 매일 주어지는 하루는 인생에 한 번만 주어지는 시간이고 다시 돌아오지 않을뿐더러 잘못된 말과 행동으로 나의 역사책에 잉크처럼 오점이 얼룩진다 해도 결코 다시 지우고 쓸 수 없다는 것이다.

즉 1회만 사용할 수 있는 1회용 시간을 살고 있다는 것을 생각하면 스스로 역사책을 써 가는 하루하루가 진지해지지 않을 수가 없다. 그리고 그 1회용의 시간들이 이어져서 그것이 내 인생의 결말을 결정짓게 된다는 것을 생각하면 그 1회용의 시간을 결코 함부로 사용할 수 없음은 자명한 사실이다.

그럼 그 1회용의 하루하루를 과연 어떻게 살아야 최대치의 효율성을 내며 가장 멋진 해피엔딩의 인생으로 만들 수 있을까?

이 고민의 화두는 매일매일 우리가 되뇌여야만 할 중요한 사안이다.

1. 심장이 뛰는 아침을 맞아라

요즘 많은 유튜버가 자신의 도전이나 성장의 일상을 보여 주며 신선한 자극을 준다.

전업주부가 매일 가정을 알뜰살뜰히 쓸고 닦고 요리하는 모습을 화보처럼 보여 주면서 살림의 재미를 나누기도 하고 재테크에 대해 나누기도 한다. 또 독서를 좋아하는 사람은 읽은 책에 관한 소감을 들려주며 독서의 기쁨을 나누기도 한다.

그중 30대 초반의 미국의 변호사인 김유진 변호사는 오전 4시 30분에 일어나 계획표대로 살아가는 분주하면서도 알찬 생활을 유튜브로 올려 생활에 풋풋한 도전을 준다.

하루의 계획표를 짜서 그 계획대로 시간을 알차게 사용하여 미국 변호사 시험에도 합격한 바 있는 변호사답게 그의 스케줄에 따라 움직이는 모습은 참 멋지다. 그것이 나날이 성장을 가능하게 하는 원동력임을 알게 한다. 그녀는 도전하고 싶은 목표가 있기에 4시 30분에 일어나 그 목표를 이루기 위해 노력하는 것이다.

신앙을 가진 사람 중에는 새벽 4시 새벽기도를 늘 나가는 분들도 많다. 나도 그리스도인이지만 그것이 쉬운 일이 아니기 때문에 존경스럽기까지 하다. 4시 전에 일어나 준비하고 교회에 가서 새벽기도로 모든 염려를 맡기고 하루를 활기차게 시작하는 모습은 참 성실해 보인다. 이렇게 하루의 시작을 분명한 계획을 가지고 시작하는 사람이 있는가 하면 아무 목표 없이 그저 주어지는 대로 하루하루 끌려가듯 사는 사람도 많다.

자신의 인생에 분명한 목표를 가지고 그것을 이루기 위해 매일의 계획을 가지고 사는 사람은 확실히 다른 신선한 아침을 맞이할 수 있다.

고 정주영 회장이 살아생전 한 말 중 "나는 내일 눈을 뜨면 사무실로 달려가 할 일이 있기 때문에 오늘 잠자리에 들면서도 설렌다"는 말이 있다. 일하는 것을 즐겨 했던 그에게 할 일이 있다는 것은 아침을 맞는 그의 마음을 설레게 할 만큼의 기대감을 주었던 것이다. 우리 모두는 고 정주영 회장처럼 유명한 사업가가 아니어도, 김유진 변호사처럼 변호사가 아니어도 설레는 아침을 맞을 수 있게 자신을 만들 수 있다.

자신이 진정 하고 싶은 자신의 목표를 찾아 그것을 이루기 위한 계획표를 만드는 게 출발이다. 그 계획표를 만들어 집안이나 사무실 책상에 눈에 띄게 놓아두고, 그 계획표를 눈을 뜨면 보고 오늘 할 일이 무엇인지를 마음으로 먼저 체크하라. 그 목표가 내가 정말 이루고 싶은 목표라면 그 계획표를 보는 순간 마음 안에 빨리 하고 싶은 욕구가 솟구쳐 오르고 의욕이 넘치게 된다.

 분명한 꿈이 있는 사람에게 아침은 내 꿈을 펼칠 수 있는 절호의 기회이기에 마치 사자가 먹이감을 놓치지 않으려고 달려드는 것처럼 그 목표를 이루기 위해 달려들 수 있는 것이다. 먹이를 노획하기 위해 달리는 사자의 몸짓을 보면 그의 눈빛은 어느 때보다 빛이 나고 그의 발은 눈에 보이지 않을 만큼 빠르다. 사자는 먹이를 놓치지 않기 위해 사력을 다해 달린다. 비유가 너무 과격할지는 모르지만 우리 인생의 목표라는 먹이감을 계획표에 세워 놓으면 우리는 사자의 눈빛처럼 타오르는 열정으로 그 목표를 위해 사력을 다해 생활해 갈 수 있다.

 아침에 눈을 뜰 때마다 오늘 내가 달려들어 노획할 수 있는 꿈을 위한 먹이감을 상기할 수 있게 계획표를 가까이에 두라. 그리고 오늘도 그 먹이감을 반드시 잡고야 말겠다는 결심으로 하루를 시작하라. 그러면 우리의 마음에는 활화산 같은 열정으로 뜨거워질 것이고 매 시간을 최선을 다해 아름답게 채색해 가는 기쁨이 충만할 것이다.

2. 일상의 선순환 패턴을 만들라

한국에서 학부를 마치고 미국에서 대학원을 나와 박사학위를 받고 도미니카 출신의 남편을 만나 알콩달콩 재미있게 사는 전선영 씨가 낸 책이 있다. 『어쩌다 가방끈이 길어졌습니다』라는 책에는 미국에서 꿈을 찾아 이루어 가는 다부지고 똘똘한 한 여성의 도전 이야기가 감명 깊고 진솔하게 적혀 있다.

그녀는 '성공하지 못하는 사람에게는 단순히 꿈이 있지만 성공한 사람에게는 성공을 이루기 위한 체계가 있다'고 말한다. 참으로 동감이 가는 말이다. 자신의 꿈을 이룬 사람들의 책이나 유튜브를 보다 보면 한 가지 공통적인 습관이 그들에게 누구나 있음을 확인할 수 있다.

그것은 다름 아닌 자신이 원하는 인생 목표를 이루기 위한 매일의 계획에 따라 실천을 하는 체계적인 생활 습관이 잡혀 있다는 것이다.

어린아이부터 노인까지 누구나 이야기를 하다 보면 각자의 가슴에 꿈 하나쯤은 다 있다. 그러나 그것을 이루어 가기 위해서는 체계적인 생활 패턴이 먼저 정립되어야 하는 것은 마치 대형 건축물을 짓기 위해 기초 공사와 뼈대 골조를 세우고 그 다음 벽돌을 하나하나 쌓는 것과 마찬가지이다.

에베레스트산을 정복하기 원하는 산악인이 에베레스트산 밑에서 산꼭대기를 바라보며 '언젠가는 저 꼭대기까지 올라가리라'라는 마음으로 다짐을 하고 늘 바라보고만 있다고 치자. 평생을 바라봐도 그 꿈은 이루어지지 않는다.

그 꿈을 이루려면 정상을 올라갈 수 있는 체력을 다져야 한다. 정상 정복을 위한 코스를 알아야 하고 정상에 오르기 위한 많은 장비를 마련해야 한다. 산악훈련도 마쳐야 하는 등 수많은 준비가 필요하다. 그것을 계획에 따라 하나하나 준비하고 매일 조금씩 정상 정복을 위해 산을 오르는 실천이 있을 때 언젠가 정상은 눈앞에 그림처럼 펼쳐지는 것이다.

우리의 꿈을 달성하기 위한 것도 마찬가지이다. 인생에 꼭 이루고 싶은 꿈을 실천하기 위한 매일의 할 일을 기록하고 달성하면서 체크해 가는 하루하루가 모여 꿈의 성취가 이루어지는 것이다.

나 또한 전날 밤 잠자기 전 기록해 둔 '오늘 할 일'이 적힌 수첩을 출근하자마자 펴놓고 일을 시작한다. 물론 큰 미팅이나 박람회나 세미나 주관 등의 일뿐만 아니라 시장 보기, 프린트하기, 전화나 카톡하기 등 잊지 않아야 할 소소한 것까지 기록을 하고 저녁이 되어 하루를 마감할 때가 되면 그것을 체크한다.

특별히 몸이 아프거나 급박한 일로 계획을 이룰 수 없는 날 빼고는 대부분 실천이 가능하다. 그렇게 하루 동안 실천한 것을 동그라미로 체크를 할 때 드는 작은 성취감은 정말 좋다.

하루를 성취감과 만족으로 감사기도를 하며 마감할 수 있다. 또 다음날을 위해 새로운 계획을 짜며 하루하루 내 꿈의 실현을 위해 무엇인가가 이루어짐을 확인한다는 것은 참으로 뿌듯한 일이다.

이렇게 저녁에는 성취감으로, 아침은 기대감으로 살 수 있게 자신의 생활 패턴을 선순환적으로 만들어 가는 것은 정말 중요한 인생 습관이다.

이 선순환적인 생활 패턴이 몸에 배게 되면 어떤 목표를 이루어 가는 것은 짐이 아니라 기쁨이 된다.

우리 모두가 세상을 놀라게 할 대성공이나 엄청난 업적을 이루는 것은 어렵다. 그러나 하루하루 자신의 계획에 따라 작은 성취감을 만들고 작은 기대감으로 하루를 시작하는 매일의 작은 성공을 만들어 내는 일은 어렵지 않다. 이것이 처음에는 대수롭게 여겨지지 않을지 몰라도 시냇물이 모여 바닷물이 되듯, 이 선순환적인 삶의 패턴은 어느새 거대한 꿈의 물줄기와 맞닿게 되어 있다.

3. 성장의 기쁨으로 꿀힐링 하라

늘 바쁘고 진정한 쉼이 없는 생활에 쫓기는 현대인들은 갈수록 마음의 안정을 찾지 못하고 정신적으로 힘겨워 하는 것 같다. 그래서 현대인들은 우울증, 공황 장애, 대인공포증 같은 정서적인 불균형적인 증상을 호소한다. 병원을 다니며 약을 먹는 사람들도 많다.

무대에서 자신의 끼를 유감없이 발휘하던 유명 가수나 스크린에서 인기를 독차지하던 연예인이 어느 날 공황 장애로 활동을 중단한다던가 우울증으로 힘겨워한다는 기사를 쉽게 볼 수 있는 게 현실이다. 그러다 어느 날 갑자기 누가 자살했다는 뉴스가 TV에 뜨면 '아 우울증과 공황 장애가 있다더니 자살했구나' 하고 쉽게 수긍을 하는 씁쓸하기 짝이 없는 세상이 되버렸다.

육체적으로 건강하고 젊고 장래가 촉망됨에도 정신적인 안정을 잃으면서 삶을 송두리째 포기하는 기막힌 현실이 벌어지는 것이 너무 안타깝다. 꿈을 이루어 가는 진정한 삶을 위해 육체적인 건강은 물론 정서적인, 정신적인 안정과 건강이 얼마나 중요한지 알 수 있다. 비록 장애가 있어도 정신적으로 건강하면 많은 일을 해 낼 수 있음을 보면 사실 육체적인 건강 이상으로 정신적인 건강이 중요한 것 같다.

그래서 여러 마음의 병을 치료하기 위해 현대인들은 노력한다. 요가를 한다던가 수목원을 찾는다던가 수양을 한다던가 정신과 치료를 받는다든가 여행을 떠난다든다 한다. 이렇게 마음의 평안과 안정을 찾기 위해 여러 방법들을 시도한다.

이런 현대인들에게 중요한 삶의 화두는 힐링이다. 힐링이란 한마디로 '마음 치유'라 볼 수 있다. 힐링여행, 힐링요가, 힐링카페, 힐링호텔, 힐링음식, 힐링음악 등 힐링은 어디에나 등장한다. 그만큼 현대인들에게 마음 치유는 화급하고 절실한 주제가 된 것 같다. 도서 또한 마음의 평강을 줄 수 있는 치유적인 글이 대세다.

많은 힐링의 방법이 있지만 나는 그중 매일매일 계획대로 꿈을 향해 한 단계씩 나아가는 과정에서 만끽할 수 있는 성취감과 보람이야말로 최고의 힐링이 될 수 있다고 본다.

우리 마음 안에 부정적인 원망, 불평, 상처, 스트레스 등으로 병들어 있을 때 그 안에 성취감과 보람, 기쁨, 감사의 빛을 비춘다면 마음은 분명 건강히 힐링된다. 자신의 꿈을 향한 계획을 이루기 위해 집중과 몰입 후에 마시는 한 잔의 커피는 굳이 힐링카페가 아닌 서재나 집안에서 마셔도 심장 깊숙이 그 은은한 향이 녹아든다.

진정한 여유와 쉼은 어떤 일을 성취하기 위한 몰입과 집중 후의 이완적인 시간일 때 진정한 맛이 나는 법이다. 동일한 낮잠이지만 아침부터 계획 없이 빈둥거리는 낮잠과 오전에 내가 해야 할 일들에 최선을 다하고 나른한 피곤이 몰려올 때 자는 15분의 잠은 그야말로 꿀잠이다.

따라서 진정 꿀힐링은 하루하루의 계획대로 박차를 가하는 열심으로 살아갈 때 그 사이 사이에 누릴 수 있는 여유와 쉼 속에 있다. 무계획, 무분별, 무성의, 즉흥적이고 제멋대로인 삶 속에서의 쉼과 여유는 오히려 짜증과 권태를 불러오고 더욱 피곤함을 몰고 온다는 것을 체험적으로 아는 사람은 알 것이다.

따라서 어찌 보면 '매일 성장하는 기쁨으로 꿀힐링하라!"는 굉장히 역설적으로 느껴질 수 있지만 성장을 위해 매일의 계획을 가지고 사는 것은 진정한 힐링을 누리기 위한 필수 코스 같은 것이다.

목표를 이루기 위한 매일의 계획에 에너지를 몰아 최선을 다해 보자.

그 과정에서의 긴장감을, 계획을 완수했을 때의 성취감과 만족감에서 오는 기쁨으로 완전히 이완해 가는 생활 패턴을 삶의 습관으로 만들어 보라.

그리고 그속에서 꿀힐링의 맛을 경험해 보라.

그런 하루하루 속에서 몸도 마음도 더욱 활기 있게 됨을 확실히 느끼게 될 것이다.

나는 이 책의 원고를 이번 주쯤 마무리하고 다음 주부터는 이달 말 우리 회사 행사로 계획된, 이곳 '인도네시아 의사 및 일반인 대상 건강세미나'를 개최하기 위한 마무리 준비를 해야 한다. 책을 쓰기 위해 몰입했기에 행사를 직원들과 준비하는 과정은 훨씬 여유롭게 느껴진다.

직원들은 연일 인도네시아 의사들에게 초대장을 보내고 전화로 다시 참석 컨펌을 체크하고 있다. 박람회나 세미나를 할 때마다 바쁘기도 하지만 집중해서 행사를 준비하고 행사가 성황리에 잘 마무리되면 준비 시 피곤하고 힘들었던 것이 성취감으로 카타르시스 되는 것 같다. 몇 년 전 회사 오프닝 행사에서는 사회를 보면서 티타임(teatime)에 멋진 '넬라판타지아' 곡을 틀어 놓았는데 행사장이 마치 콘서트장 같은 느낌이 들면서 행복감이 몰려왔다. 행사를 잘 기획하고 성공적으로 진행된다는 느낌이 들 때의 행복감이다.

사업을 할 때도 이렇게 힘들게 행사에 집중해서 몰두하면 일할 때는 힘들지만 그 모든 행사가 잘 마무리되면 그 피곤함은 기쁨으로 상쇄되고도 남는다.

일의 종류에 상관없이 무엇인가 목표를 가지고 계획을 세우고 성취해 가는 과정의 갈피 속에서 맛보는 성취감으로 여유와 쉼을 누리는 것은 정말 멋진 일이다. 이런 경험은 살아 있는 동안 풍성할수록 성장과 함께 행복도 배가되는 기분 좋은 일인 것 같다.

약 1년 전인가 이곳 *Grace Jornal* 잡지에 '진정한 힐링'이라는 제목으로 글을 발표한 적이 있어 여기에 옮겨 본다. 이런 힐링도 있으니 힐링 방법은 개인마다 참 다양한 것 같다.

진정한 힐링

안개가 아직 걷히지 않은 이른 아침, 갓 세수한 듯 풀섶마다 아직 물기를 머금은 숲길에 들어서면 마음에도 신선한 정기가 차오른다. 그런데 가파른 산등성이를 만나 몇 시간이고 정상을 향해 울퉁불퉁한 바위 사이를 오르고 경사진 산허리를 지나다 보면 이마에서부터 비지땀이 흘러 가슴팍을 적시고 숨까지 차다. 거기다 따가운 햇살을 가려줄 나무마저 없는 민둥산 기슭이라도 만나게 되면 육체와 마음은 한계 상황에 도달한다.

그때 아름드리나무 밑, 우거진 수풀 사이로 퐁퐁 솟는 맑은 샘물을 발견하게 된다면, 그래서 그 맑은 샘물을 함지박에 담아 단숨에 들이키면 그 시원함은 통쾌하기 이를 데 없다.

온 몸을 파고드는 상쾌함에 영혼의 갈증까지 완전히 사라지는 듯하다. 이런 맛에 모처럼 맞는 일요일이면 등산복을 입고 손에는 생수통을 들고 산행에 나서는 사람들이 많다. 힐링(지친 몸과 마음의 회복과 치유)을 꿈꾸며 녹음 우거진 산길로 사람들은 발걸음을 재촉한다.

우리 가족도 매주 일요일 이른 아침 6시 30분이면 온 가족이 집을 나선다. 그런데 우리 가족의 옷차림은 등산복대신 평상복이고 손에는 생수통대신 성경책이 들려 있다. 우리가 맑은 주일 아침의 신선한 공기를 가르며 들어서는 곳은 다름 아닌 우리 교회이다.

우리에게 이곳은 숲속의 맑은 샘물을 마심보다 몸과 마음의 진정한 힐링을 더 맛보는 곳이다. 그 힐링은 산행에서 마시는 한 모금 싸한 샘물과는 비교할 수 없을 만큼 우리의 지친 몸과 영혼 깊은 곳을 시원케 한다.

마치 쓰나미가 몰려와 바닷속 깊은 곳의 온갖 쓰레기를 뒤집어엎듯 강단에서 흐르는 말씀의 쓰나미는 내 영혼의 온갖 오물을 뒤엎어 토하게 한다. 영혼의 창에 덕지덕지 묻은 삶의 상처, 낙담, 우울, 슬픔, 미움 등 온갖 영혼의 오물들이 예배를 통해 하나하나 말끔히 씻겨져 간다. 그리고 영혼의 찌꺼기를 다 토해 정갈해진 마음으로 목청껏 부르는 찬양은 내 마른 영혼을 단비처럼 적셔 준다. 은혜의 말씀과 찬양을 통해 나는 매주 깊은 옹달샘에서 퍼올린 싸한 샘물보다 더 통쾌한 '힐링'을 맛보는 것이다.

진정한 힐링을 꿈꾸며 발걸음을 산으로, 강으로 재촉하는 이들에게 나는 주일마다 내 영혼을 흠뻑 적셔 주는 이 영혼의 생수를 함지박에 가득 담아 건네고 싶다.

그리고 환하게 웃으며 고백하고 싶다. 이 아름다운 힐링의 장소, 교회가 있었기에 우리 가족은 가파른 삶의 능선에서도 쓰러지지 않고 새 힘을 얻어 여기까지 행복하게 올 수 있었다고 ….

4. 꿈을 사수하라

　화면 속에 덩치가 제법 큰 어미 흑곰과 귀여운 아기 흑곰이 숲속을 어슬렁거리며 걷고 있었다. 푸른 초원 위를 유유자적하게 거니는 어미 흑곰의 뒤를 이리저리 뒤쫓으며 따라가는 아기 흑곰은 정말 귀엽고 행복해 보였다.

　그런데 잠시 후, 그 두 흑곰의 뒤를 따르는 덩치 큰 호랑이의 모습이 화면에 등장했다. 호랑이의 눈매는 매서워지기 시작했고 먹이감을 찾은 호랑이의 걸음은 서서히 빨라지기 시작했다. 그렇게 뒤를 쫓아가는 호랑이를 먼저 발견한 것은 아기 흑곰이었고 겁이 난 아기 흑곰은 갑자기 어미 흑곰에게 몸을 바짝 대면서 어쩔 줄 몰라 몸을 떠는 듯 했다.

　이때 상황이 심상치 않음을 눈치챈 어미 흑곰은 뒤를 돌아보았고 새끼 흑곰을 노리는 호랑이를 발견하자마자 어미 흑곰은 호랑이에게 달려들기 시작했다. 순식간에 벌어지는 이 난투극은 정말 화면으로 보기에도 살벌한 싸움이었다.

　새끼를 보호하고자 하는 어미 흑곰에게는 무섭고 덩치 큰 호랑이도 두렵지 않은 듯 보였다. 어미 흑곰과 호랑이는 서로 엉키고 뒹구르며 싸움이 벌어졌는데 새끼 흑곰은 겁에 질려 옆에서 소리를 지르며 발을 구르며 동동 뛰고 있었다.

심호흡을 하며 이 싸움을 지켜보면서 심히 걱정이 되었다.

'과연 누가 이길 것인가?'

'저 새끼 흑곰은 과연 어떻게 될 것인가?'

그렇게 싸움은 근 15분이 지나도록 계속 되었다. 마치 씨름 선수들이 싸우듯 어미 흑곰과 호랑이는 엎치락뒤치락을 계속하다가 호랑이 밑에 깔린 흑곰이 움직이지를 않아서 '아 결국 호랑이에게 잡혀 먹게 되는구나!' 안타까움에 한숨을 내 쉬고 있었다. 그런데 그 순간 갑자기 어미 흑곰이 지친 호랑이 위로 순식간에 타고 올라서 까만 흑곰 손으로 호랑이를 연달아 치더니 물기 시작했다. 그렇게 살벌하게 격투하기를 또 몇 분이 지나자 힘이 빠진 호랑이가 겁에 질린 듯 어미 흑곰을 피해 자리에서 물러나 거리를 두고 나앉았다. 그러더니 옆에 흐르는 시냇물에 몸을 반쯤 담그고는 나오지 않고 어미 흑곰과 새끼 흑곰을 그저 멍하니 바라보고 있었다.

그 사이 어미 흑곰은 곁에 떨고 있는 새끼흑곰을 데리고 유유히 사라지고 있었다. 그래도 호랑이는 이미 지쳐 더 이상 기운이 없는 듯 그 모습을 지켜 보며 힘없이 앉아 있었다.

모성의 위대함이 가슴을 울리는 순간이었다. 새끼를 지키는 어머에게는 세상에 무서운 것이 없음을 다시 한번 보여 주는 명장면이었다. 세상에서 결코 빼앗길 수 없는 새끼를 가진 어미 흑곰에게는 포효하는 덩치 큰 호랑이도 강적이 될 수 없는 것이다. 오직 새끼를 사수하겠다는 한 가지 일념은 아무리 강한 적도 단숨에 물리치는 초능력을 발휘하게 한 것이다.

나는 이 명장면을 지켜보면서 우리가 가진 꿈을 목숨을 걸고 사수하겠다는 결심이 선다면 무서운 호랑이 같은 삶의 강적들이 그 꿈을 빼앗으려고 발버둥을 친다 해도 결코 꿈을 포기하지 않게 되리라 생각되었다.

죽는 순간까지 결코 포기할 수 없는 꿈 하나를 가슴에 비수처럼 품은 사람은 그래서 삶의 강적이 몰려올수록 강해질 수밖에 없고 다시 일어서기 위해 싸울 수밖에 없다.

그러므로 우리 나이가 몇 살이든 우리 안에 진정 꼭 이루고 싶은 꿈 하나를 갖고 있는 사람은 용감한 투사가 될 수밖에 없다.

지금까지 나는 이 책을 통해 '진정 원하는 꿈을 찾아 반드시 이루는 삶이 되도록 함께 노력하자'고 역설해 왔다. 많은 사람이 꿈을 잃고 사는 이 삭막한 시대에 정말 하고 싶은 꿈을 찾는 것만도 행복한 것은 분명하다.

그러나 정말 행복한 사람은 그 꿈을 어떤 난관 속에서든 끝까지 사수함은 물론 매일매일의 피나는 노력으로 그 꿈을 현실로 만들어 가는 사람이다. 그리고 더 나아가 한 단계 더 행복한 사람은 꿈을 이룬 기쁨을 주위에 나누고 그 꿈의 열매로 다른 사람의 삶도 더불어 풍성하게 만들어 가는 사람이다.

그렇게 진실로 행복한 사람이 될 수 있느냐 없느냐는 우리에게 주어진 시간 속에 내가 진정 그 꿈을 이루기 위해 사투하느냐 그렇지 않느냐에 달려 있다. 그 선택은 우리 각자의 몫이고 그 결과는 삶 속에 언제가는 정직히 드러난다.

그러므로 진정 꼭 이루고 싶은 꿈을 찾아 사수하라.
그리고 그 꿈을 이루기 위해 사투하되
꿈을 이루기까지 결코 포기하지 말라.

멈추지 마라

양광모

비가 와도
가야 할 곳이 있는
새는 하늘을 날고

눈이 쌓여도
가야 할 곳이 있는
사슴은 산을 오른다

길이 멀어도
가야 할 곳이 있는
달팽이는 걸음을 멈추지 않고

길이 막혀도

가야 할 곳이 있는

연어는 물결을 거슬러 오른다

인생이란 작은 배

그대 가야 할 곳이 있다면

태풍 불어도 거친 바다로 나아가라.

글을 마치며

    스스로 꿈을 찾아가면서 꿈에 대한 글을 쓴다는 자체가 참으로 행복한 시간이었습니다.

    글을 쓰는 기쁨을 나눌 수 있었던 가족에게 먼저 감사를 드립니다. 사업하느라 늘 바쁘면서도 가정에서는 가족이 전부인 것처럼 늘 헌신적으로 가족을 위해 움직이는 사랑하는 남편의 모습에 언제나 고마움을 느낍니다.

    또 한창 예민한 고등학교 1학년임에도 늘 신앙 안에서 자라기 위해 노력하고 힘들 때면 함께 가스펠 송을 부르면서 은혜받게 하는 멋진 아들에게도 또 미국에서 코로나와 폭동 등 어려운 시국 속에서도 디자이너로 자신의 길을 꿋꿋이 걸어가는, 얼음꽃처럼 강한 딸에게도 늘 고맙기만 한 마음입니다.

    가족은 제게 좋은 작가가 되기 전에 먼저 좋은 엄마와 좋은 아내가 되고픈 소박한 소망을 잊지 않게 해 주는 소중한 존재입니다.

    사랑하는 가족을 주신 하나님께 깊이 감사드립니다.

    무엇보다 정말 바쁘신 일정들을 소화해 내시면서 제 부족한 글의 추천사를 정말 감동적이게 써 주신 네 분께 머리 쪼아려 깊은 감사를 드립니다.

　매주마다 영혼을 흔들어 깨우는 폭포 같은 은혜의 말씀으로 영적인 꼴을 먹여 주시느라 전력투구하시는, 진정한 목회자이신 김완일 담임목사님, 합동신학대학원 종신 교수로서 또 요한계시록 강해를 집필하시며 무슨 일에나 '성실'의 모범을 보여 주시는 김추성 교수님, 세계 각국을 다니시면서 의학계에 새로운 도전을 줄 뿐만 아니라 인간 건강의 새로운 지평을 연 『SAC칼슘 혁명』의 저자이신, 탁월한 실력자 이규헌 박사님, 또 신실한 목회자와 건실한 직업인으로서 사역과 업무로 하나님께 영광 돌리시기 위해 불철주야 수고가 많으신 정성봉 투자운용본부장님께 진심으로 감사드립니다.

　제 책이 늘 존경해 마지않는 이 멋진 네 분의 과분한 추천사를 달고 세상에 나온다는 것만으로 제 인생에 잊지 못할 선물이 되었습니다.

　또 이 부족한 원고가 책으로 나오기까지 수고를 아끼지 않으시고 오직 선교의 사명으로 달려가시는 기독교문서선교회(CLC) 대표 박영호 목사님 이하 이경옥 실장님과 구부회 과장님, 편집을 위해 정말 수고하신 곽진수 목사님, 디자인을 위해 수고하신 서보원 간사님께도 깊은 감사를 드리고, 멋진 표지 디자인을 위해 수고한 사랑하는 딸에게도 깊은 감사를 드리며, 이 책을 읽는 모든 분들께 하나님의 은혜와 기쁨이 넘치시길 바랍니다.

　모든 영광을 하나님께 돌립니다.

참고 문헌

1. 백년을 살아보니(김형석/덴스토리)
2. 마지막 강의(랜디포시/Hachette books)
3. 모지스 할머니 평범한 삶의 행복을 그리다(이소영/홍익출판사)
4. 약해지지마(시바타 도요/지식여행)
5. 나는 거대한 꿈을 꿨다(손정의/중앙M&B)
6. 엘리트 마인드(스텐비첨/책세상)
7. 인생의 밀도(강민구/Chungrim publishing)
8. 세네카의 대화, 인생에 관하여(루키우스 안나이우스 세네카)
9. 멈추지마 다시 꿈부터 써봐(김수영/위즈덤하우스)
10. 늦지 않았어 지금 시작해(노경원/시드페이퍼)
11. 청년의 시간(폴손/두란노)
12. 꿈을 키워주는 사람(웨인 코데이로/예수전도단)
13. 갈매기의 꿈(리커드 바크/현문미디어)
14. 마당을 나온 암탉(황선미/사계절)
15. 길은 여기에(미우라 아야꼬/범우사)
16. 이 질그릇에도(미우라 아야꼬/지성문화사)
17. 부시파일럿 나는 길이 없는 곳으로 간다(오현호/한빛 비즈)
18. 내가 원하는 삶을 살았더라면(브로니웨어/피플트리)
19. 워렌버핏이야기(앤 재닛 존슨/명진출판사)
20. 하나님의 타이밍(오스 힐먼/생명의말씀사)
21. 내가 확실히 아는 것들(오프라윈프리/북하우스)
22. 밥짓는 시인, 퍼주는 사랑(최일도/사랑플러스)
23. 사랑의 원자탄(안용준/성광문화사)
24. 노래에 살고 사랑에 살고(조수미/창해)